Berühre uns, Herr,
sanft mit deinem Wort

KURT RAINER KLEIN

Berühre uns, Herr, sanft mit deinem Wort

GEBETE UND TEXTE FÜR
GOTTESDIENST UND ANDACHT

neukirchener

MIX
Papier aus verantwortungsvollen Quellen
FSC® C014138
FSC www.fsc.org

Bibliografische Information der Deutschen Nationalbibliothek:
Die Deutsche Nationalbibliothek verzeichnet diese Publikation in der Deutschen Nationalbibliografie; detaillierte bibliografische Daten sind im Internet über http://dnb.d-nb.de abrufbar.

Umschlaggestaltung: Agentur 3Kreativ, Essen, unter Verwendung eines Bildes von © Shutterstock/Nagib
Lektorat: Rahel Dyck, Bonn
DTP: Magdalene Krumbeck
Verwendete Schrift: Adobe Garamond Pro
Gesamtherstellung: Finidr, s.r.o.
Printed in Czech Republic
ISBN 978-3-7615-6668-8

www.neukirchener-verlage.de

Für meine Enkel Moritz und Ida

Inhalt

Vorwort

Sprache ist das Mittel, um Gedanken und Gefühle aus der Tiefe unserer Seele an die Oberfläche zu bringen und für andere hörbar und kommunizierbar zu machen. So ist dieses Buch gefüllt mit sprachlichen Versuchen auszudrücken, was bewegt und antreibt, was bedrängt und verunsichert, was beflügelt und Weite gibt. Ob als Selbstgespräch oder Zwiegespräch mit Gott, ob als Bewusstwerdung oder Vergewisserung, ob als Meditation oder Gebet verstanden, wollen diese Texte sanft berühren und zum Nach- und Neudenken anstoßen. Der dreidimensionale Raum, in dem sich diese Texte bewegen, ist ein spiritueller und mit „Glaube, Hoffnung, Liebe“ zu beschreiben.

Jesu Wort aus der Bergpredigt, beim Beten nicht viel zu plappern, hat mich dazu bewogen, kurz und prägnant zu formulieren. Das Ausgesprochene ist als sanfter Impuls zu verstehen, das Nichtausgesprochene lässt den Hörern Raum, ihre eigene Befindlichkeit zu orten, zu befragen und selbst Antworten zu finden. Wo immer die Texte aufgeführt werden – in Gottesdienst oder Andacht, in gemeindlichen Zusammenkünften oder Bibelkreisen –, müssen sie langsam gesprochen werden, damit den Hörern Zeit gegeben wird zur Wahrnehmung und eigenen Visualisierung. Die Texte eignen sich natürlich auch für den Haus- und Krankenbesuch, für Gemeindebrief und Schaukasten.

In einer von Bildern geprägten Kommunikationswelt mögen die pointierten Texte in diesem Buch Bildwelten erschließen. So habe ich auch schon auf Facebook zitierte Texte von mir entdecken können. Das zeigt, dass die Schwelle zwischen sakraler und profaner Welt offensichtlich niedrig ist. Mögen die Texte dieses Buches also ihren Ort finden, an dem sie sanft berühren.

Schornsheim, im Mai 2019

Aufbruch/Anfang

MORGENRITUAL

Den Morgen beginnen –
und dabei:

mein Licht leuchten lassen,
auf den Geschmack kommen,
Gefallen an diesem Tag finden,
jederzeit Farbe bekennen,
mein Kreuz auf mich nehmen.

ECHO

Mit einem Lächeln
starte ich in den Tag.

Mit einem Gebet
gehe ich an die Arbeit.

Mit einem Lob
beginne ich ein Gespräch.

Mit einem Dank
fange ich die Nachtruhe an.

Mit einem Glücksgefühl
bewege ich das Leben.

AM MORGEN

Vor mir
liegt
ein Tag

neu und
ungebraucht

einmalig und
unwiederbringbar

ungelebt und
erfahrungshungrig

ich kann
diesem Tag
Leben einhauchen

mit
meinen Gedanken
meinen Fähigkeiten
meiner Spontaneität

und
meine Spuren
hinterlassen

HEUTE

Ich könnte
heute
einmal

etwas
Neues
probieren

das
Altbewährte
links liegenlassen

das
Sichere
außer Acht lassen

das
Risiko
nicht scheuen

und
fest
darauf vertrauen,

dass
mein Glaube
mich trägt.

HERR, ÖFFNE MIR …

Herr, öffne mir die Augen,
dass ich sehe
das Ungesehene.

Herr, öffne mir die Ohren,
dass ich höre
das Ungesagte.

Herr, öffne mir den Mund,
dass ich rede
das Unerhörte.

Herr, öffne mir die Hände,
dass ich fühle
das Unberührte.

AUF EIN NEUES

Leere Seiten
eines Buches,
365,
zwar nummeriert,
aber unbeschrieben,
so halte ich
ein neues Jahr
in Händen.

Doch es liegt
nicht nur
in meinen Händen,
was am Ende
nach 365 Tagen
in diesem Buch
alles zu lesen
sein wird.

Ich hoffe nur,
die Schrift wird
leserlich sein,
das Geschriebene
verständlich,
das zu Lesende
glaubhaft
und begreifbar.

Angst und Sorgen

TÄGLICHES BROT

Mein tägliches Brot
ist der Kampf ums Leben,
ist die Sorge,
über die Runden zu kommen,
ist die Ungewissheit,
was morgen sein wird,
ist die Frage,
wie ich diesen Tag bestehe,
ist die Skepsis,
was ich selber tun kann,
ist das Misstrauen,
ernst genommen zu werden,
ist die Angst,
dem Leben nicht gewachsen zu sein.

Für dieses harte Brot, Gott,
gib mir den nötigen Biss,
und lass mich dabei
nicht auf Granit beißen.

NEGATIVE GEDANKEN

Hin und wieder
denke ich,
ich versinke
im Bodenlosen,
weil mir alles
über den Kopf
wächst.

Ab und an
meine ich,
ich falle
aus allen Wolken,
weil der Himmel
über mir
zusammenbricht.

Von Zeit zu Zeit
glaube ich,
ich verliere
meinen Halt,
weil ich auf
keinen grünen Zweig
komme.

PERSPEKTIVWECHSEL

Ich schaue
in aller Regel
auf das,
was mir fehlt,
was ich vermisse,
was mir schwerfällt,
was ich ungern tue,
was ich suche,
was ich brauche,
was ich mir wünsche,
was ich gerne hätte –
und empfinde schmerzlich
den Mangel
meines Lebens.

Herr, lass mich
meinen Blick und
meine Perspektive
verändern
und darauf schauen,
was ich habe,
was ich schätze,
was mir Spaß macht,
was mir geschenkt wurde,
was mich bereichert –
und darin
meinen Reichtum
und mein Glück
froh machend erkennen.

KRISE

Als ich meine Sicherheit verlor,
blieb mir senfkorngroßer Glaube.

Als ich durch das dunkle Tal ging,
blieb mir deine Zusage auf Beistand.

Als ich zum Unvermögenden wurde,
blieben mir deine Kraft und Stärke.

Als ich ein glimmender Docht war,
blieb mir das Feuer deiner Liebe.

Als ich durstig zu vertrocknen
schien,
blieb mir das Wasser des Lebens.

FÜRCHTE DICH NICHT

Wenn ich
an meine Grenzen
komme,
mit meinem Latein
am Ende bin,
nicht mehr
weiter weiß,
dann sagst du nicht:
Kopf hoch,
sondern:
Fürchte dich nicht!

Wenn ich
mir keinen Rat
mehr weiß,
keinen Ausweg
sehe,
mir nicht zu
helfen weiß,
dann sagst du nicht:
Halt durch,
sondern:
Fürchte dich nicht!

Wenn ich
auf dem
Zahnfleisch krieche,
mich
wundgescheuert habe,
mich
ausgelaugt fühle,
dann sagst du nicht:
Stell dich nicht so an,
sondern:
Fürchte dich nicht!

Auferstehung

AUFERSTEHUNG I

Aufstehen
nach dem Fall

Neuanfangen
nach dem Misserfolg

Genesen
nach der Krankheit

Vergeben
nach der Verletzung

Glauben
nach der Enttäuschung

AUFERSTEHUNG II

Wie das
Weizenkorn
in die Erde
fällt und
viel Frucht
bringt,
so steht
Christus
auf
aus dem Tod
in die
Lebensmöglichkeiten
derer, die ihm
nachfolgen.

AUFERSTEHUNG III

Wo eine zerbrochene Beziehung
wieder neu belebt wird –
da geschieht Auferstehung.

Wo eine unüberwindbare Grenze
plötzlich gegenstandslos wird –
da geschieht Auferstehung.

Wo eine verletzte Seele
auf einmal heil wird –
da geschieht Auferstehung.

AUFERSTANDEN

Auferstehung
heißt
umkehren –
aus dem Tod
ins Leben:

Aus unserer Lähmung
in die Beweglichkeit.

Aus unseren Zweifeln
in die Gewissheit.

Aus unserer Traurigkeit
in die Heiterkeit.

Aus unseren Ängsten
in die Gelassenheit.

Aus unserem Dunkel
in die Weitsichtigkeit.

Aus unserer Einsamkeit
in die Geborgenheit.

Aus unserer Trägheit
in die Lebendigkeit.

Darin
zeigt sich
unser Grab
leer.

OFFEN SEIN

Offen sein

für eine
gewagte Idee,

für einen
fremden Gedanken,

für eine
wunderbare Möglichkeit,

für eine
unerwartete Überraschung,

für eine
neue Lebendigkeit,

wie das Grab Jesu
am Ostermorgen.

DAS LETZTE WORT

Der Tod
hat nicht
das letzte Wort,

wo du
aufstehst
nach dem Fall,

wo du
weitermachst
nach dem Scheitern,

wo du
es wieder versuchst
nach der Niederlage,

wo du
neue Schritte wagst
nach der Enttäuschung,

wo du
trotzdem liebst
nach dem Verlust,

da hat
das Leben
noch etwas
zu sagen.

AUFERSTEHUNGSZEICHEN

Ein erster Sonnenstrahl
nach einer langen Nacht.

Ein kleines Lächeln
in schwierigen Zeiten.

Eine versöhnliche Hand
trotz aller Streitigkeiten.

Ein hoffnungsvolles Wort
inmitten aussichtsloser Tage.

Ein Senfkorn Vertrauen
durch schwere Erde keimend.

AUFERSTEHUNG IV

Auferstehung –
das ist:

zurückkehren ins Leben!

Wie die Frauen
am ersten Tag der Woche,
als sie den Stein
von des Grabes Tür
gewälzt fanden und
keinen Grund mehr hatten,
traurig zu sein,
weil das Grab leer war –
und ER ihnen
von jetzt auf gleich
im täglichen Leben
begegnen wollte.

Barmherzigkeit

BERÜHRUNG

Berühre mich,
Herr,
sanft mit
deinem Wort,
das mich
hören und fühlen
lässt
und
in mir
ungeahnte
Kräfte
freisetzt,
die
Berge
versetzen.

BLINDHEIT

Ich bin blind

für den Mangel,
der mich beglückt –

für das Dunkel,
das mich erhellt –

für die Enttäuschung,
die mich besänftigt –

für den Verlust,
der mich befreit –

für die Niederlage,
die mich erfreut.

Herr, öffne mir die Augen,
dass ich sehe, was mir
bisher verborgen blieb.

GNADE

Ein Blick,
der mich
an der Mutlosigkeit
erkennt.

Eine Hand,
die mich
in der Verzweiflung
ergreift.

Ein Wort,
das mich
über den Abgrund
trägt.

Ein Herz,
das mich
vor dem Vergehen
bewahrt.

SICH GEHEN LASSEN

Ich lasse mich gehen

durch Dick und Dünn,
über Stock und Stein,
durch Höhen und Tiefen.

Auf Umwegen
und Abwegen,
auf Irrwegen
und Auswegen.

Auf Schritt und Tritt
weiß ich mich gehalten
von deiner großen Güte.

Darum kann ich
mich ruhig
gehen lassen.

DU BERÜHRST MICH

Du
berührst mich

durch einen
wärmenden
Sonnenstrahl

durch den
angenehmen Duft
einer Blume

durch das
Zwitschern
eines Vogels

in einem
Gedanken
der überrascht

in der
Stille des
Augenblicks

in dem
Spüren
meines Atems

ich lebe
und du
bist mir nah

GÖTTLICHE HANDARBEIT

Du ergreifst meine Hand,
wenn ich am Boden liege,
müde und schwach bin,
von Ängsten gepeinigt,
in Resignation verharrend,
voll nagender Selbstzweifel,
ohne ein Fünkchen Hoffnung,
in Ablehnung gefangen,
ausgelaugt und kraftlos,
deprimiert und verlassen,
kein Ziel mehr vor Augen,
blind vor dunkler Erfahrung,

und stellst mich wieder
auf die Füße, die meinigen,
um zaghaft und langsam
neue Schritte zu wagen,
kleine und ungelenke,
immer besser spürend
den doch festen Boden,
der mich sicher trägt
und vorwärts gehen lässt,
Schritt um Schritt
über Stock und Stein
an deiner unsichtbaren Hand.

Beten

MEIN GEBET

Ganz leise
wage ich
eine Bitte.

Nach Jahren
des Schweigens
ein Versuch.

Es wäre
mir wichtig,
eine Antwort.

Ob ich
dir wichtig –
wer weiß.

Bis jetzt
habe ich
keine Antwort.

Vielleicht
sprechen wir ja
verschiedene Sprachen.

SPRACHLOS

Wenn ich Worte fände,
würde ich jetzt beten
und dir ins Ohr flüstern,
was mir wie ein Stein
auf dem Herzen liegt,
meinen Mund verschließt
und unaussprechlich ist.

Weil mir die Worte fehlen,
schweige ich vor mich hin
und hoffe innigst darauf,
dass du längst schon weißt,
was schwer auf mir lastet,
mir die Kehle zuschnürt
und darum ungesagt bleibt.

BUNTE LUFTBALLONS

Meine Gedanken
lasse ich
aufsteigen
zu dir
wie bunte
Luftballons
zum Himmel,
gefüllt mit
heißer Luft
aus Bitten
und Wünschen.

Mag sein,
dass sie in
deiner Nähe
gnadenlos
zerplatzen
und zur Erde
zurückfallen –
und mich
dich
ganz anders
sehen lassen.

SICHTWEISEN

Mit Absicht
falte ich
meine Hände,
weil ich
der Ansicht bin,
dass Gott
mich versteht,
und formuliere
mit Vorsicht
meine Anliegen,
im Hoffen
auf Nachsicht
bei dem,
den ich erst
in der Rücksicht
erkenne,
und finde darin
Zuversicht
für mein
weiteres Leben.

BETEN I

Betend
erkenne ich
das Problem,
das unlösbar
für mich
erscheint.

Betend
suche ich
nach der Lösung,
die wunderbar
zu mir
gelangt.

Betend
finde ich
genügend Kraft,
die spürbar
in mir
erwächst.

BETEN II

Als mir
die Worte
fehlten …

und
mein Rufen
verstummte …

als
meine Gedanken
ausblieben …

und ich
ganz in Stille
versank … –

… da erst
füllte
dein Wort
mein Leben.

Begegnung

ADVENT

Wir
bereiten uns vor
auf den,
der da kommt,

putzen,
dekorieren,
beleuchten,

backen,
kochen,
feiern,

kaufen ein,
verpacken,
schenken,

hetzen,
schnaufen,
stöhnen,

ermüden,
erstarren,
verstummen,

bleiben dabei
auf der Strecke
und
verkennen den,
der da kommt.

BRENNENDER DORNBUSCH

Gott begegnet
dem Mose
ganz unvermittelt
bei seiner Arbeit
in einem
brennenden Dornbusch.

Der brennende Dornbusch
ist für uns

vielleicht eine Gelegenheit,
die es zu ergreifen gilt.

Vielleicht eine Chance,
die wir nur einmal bekommen.

Vielleicht eine Aufgabe,
die uns erfüllen kann.

Vielleicht eine Leidenschaft,
die in uns entbrennt.

Vielleicht eine Gotteserkenntnis,
die uns entflammt.

MEIN BILD VON MIR

Mein Gott,
ich möchte mir

die Butter
nicht vom Brot
nehmen lassen –

die Suppe
nicht versalzen
lassen –

den Bären
nicht aufbinden
lassen –

stattdessen
möchte ich
viel lieber

den Spieß
umdrehen –

eine Scharte
auswetzen –

wider den Stachel
löcken –

ja, über meinen
Schatten springen.

ICH

Ich brauche
Nähe,
Offenheit,
Zuwendung,
Einfühlsamkeit,
Verständnis
von morgens
bis abends.

Denn ich suche
die Gewissheit,
geliebt,
gehört,
getragen,
geheilt,
gesegnet
zu werden.

Das alles
finde ich
nur in Spuren,
hie und da,
gebrochen,
widersprüchlich,
unvollkommen
in Begegnungen.

Darum
wünsche ich mir,
dass du mich
umfängst,
erfrischst,
beschirmst,
erquickst,
belebst.

WENN ICH MIR BEGEGNE

Abends
nach einem
langen Tag
kann es
schon mal
passieren,
dass ich
mir selbst
begegne.

Für einen
Moment
bin ich
dann ganz
bei mir,
während
ich mir
tagsüber
fremd bleibe.

In diesem
Augenblick
komme ich
zur Ruhe
und nehme
mich selbst
mit meinen
Bedürfnissen
wahr.

Dabei wird
mir klar,
dass
mein Leben
mehr ist
als Arbeit
und Mühe,
Schuften
und Rackern.

Diesem Mehr
will ich dann
nachspüren
und finden,
was mir
mehr Farbe,
Abwechslung
und Freude
geben könnte.

SPUREN

Ich verfolge
gerade die Spur,
die du, Gott,
tief eingedrückt
oder nur schwach
in meinem Leben
hinterlassen hast.

Sie führt mich
weit zurück
in frühere Zeiten,
die ich heute,
reifer geworden,
besser überblicke
und durchschaue.

Du bist nicht
spurlos an mir
vorübergegangen,
deutlich erkenne
ich deine Spur,
deine Eindrücke
werden mir klar.

DU UND ICH

Neulich
sind wir uns
rein zufällig
über den Weg
gelaufen.

Nie zuvor
haben wir uns
gesehen
und danach
auch nie mehr.

Einen Moment
haben wir uns
in die Augen
geschaut und
wahrgenommen.

Im Bruchteil
einer Sekunde
waren wir
ganz nah
beieinander.

Ich glaube,
wir hätten uns
bestimmt
noch viel
zu sagen.

Brot

EINLADUNG

Das Brot,
das Er uns bricht,
lässt uns
das Leben teilen.

Der Kelch,
den Er uns reicht,
lässt uns
die Freude schmecken.

Das Wort,
das Er uns schenkt,
lässt uns
die Liebe spüren.

EINGELADEN ZUM MAHL

Eingeladen sind wir
zum Mahl von dem,

der den Weg zeigt,
damit wir uns aufmachen,

der die Tür öffnet,
damit wir eintreten dürfen,

der als guter Hirte wirkt,
damit wir Frieden finden,

der das Brot teilt,
damit wir satt werden,

der im Weinstock wächst,
damit wir Gemeinschaft spüren,

der den Tod überwindet,
damit wir leben können,

der als Licht aufleuchtet,
damit wir fröhlich sind.

MAHLZEIT

Das Brot
hat er
für uns
gebrochen,
damit
wir es
untereinander
teilen –
und alle
satt werden.

Den Wein
hat er
für uns
gereicht,
damit
wir ihn
miteinander
trinken –
und alle
fröhlich werden.

Den Segen
hat er
für uns
gesprochen,
damit
wir ihn
füreinander
empfangen –
und alle
heil werden.

UNSER TÄGLICHES BROT

Unser tägliches Brot
gib uns heute:

Willensstärke,
Entschlossenheit,
Zielstrebigkeit.

Woraus wir
Kraft schöpfen zur:

Gemeinschaft,
Toleranz,
Anteilnahme.

Daraus
erwächst uns:

Aufmerksamkeit,
Einfühlungsvermögen,
Hilfsbereitschaft.

Und wir
gewinnen:

Lebendigkeit,
Seligkeit,
Zufriedenheit.

BROT DES LEBENS

Das Leben – so sagen wir –
ist manchmal ein hartes Brot.
Mühevoll, anstrengend,
beschwerlich.
Aufregend, belastend, erschöpfend.
Man kann sich die Zähne daran
ausbeißen.

Wie leicht lassen wir uns
die Butter vom Brot nehmen,
werden unsere Pläne durchkreuzt,
wird unsere Hoffnung
zunichtegemacht,
zerplatzen Träume wie Seifenblasen.

Das alles einem anderen aufs Brot
zu schmieren,
würde unserer Verantwortung nicht
gerecht.
Wir können aber jeden Tag neu
darum beten,
dass du uns einen anderen Blick
schenkst
auf unser Leben und die Dinge
dieser Welt.

Denn wir leben nicht vom Brot
allein,
sondern von deinem Wort, das uns
ermutigt,
von deiner Kraft, die uns aufstehen
lässt
gegen all das, was uns klein machen
will,
und von deiner Liebe, die uns
berührt.

Danken

DANK I

Heute möchte ich
dir, Gott,
einfach Dank sagen
für

den Regen,
der meinen Garten
befeuchtet hat,

die Probleme,
die meinen Geist
bewegt haben,

den Anrufer,
der meine Hilfe
benötigt hat,

die Arbeit,
die meine Hände
bewältigt haben.

das Brot,
das mein Leben
erhalten hat.

ERNTEDANK I

Was habe ich
zurückliegend
gepflanzt an
Liebe, Achtung
und Respekt?

Was ist auf
meinem Feld
gereift an
Hoffnung, Mut
und Zuversicht?

Was hat mir
das Jahr
gebracht an
Freude, Glück
und Segen?

Was konnte ich
im Herzen
ernten an
Gelingen, Güte
und Erfüllung?

ERNTEDANK II

Wir schauen zurück
auf das, was wir
geerntet haben:

die Luft zum Atmen,
die Wärme der Menschen,
die Strahlen der Liebe,
die Freude des Herzens,
die Lust zum Leben.

Darum danken wir dir,

dem Grund unserer Hoffnung,
der Quelle unserer Liebe,
der Kraft unseres Glaubens,
dem Geber aller Gaben,
dem Licht unseres Lebens.

LOB

Mein Gott,
ich lobe dich

mit der Melodie,
die ich summe –

mit der Träne,
die ich vergieße –

mit der Spende,
die ich gebe –

mit der Last,
die ich trage –

mit der Liebe,
die ich habe –

mit dem Schmerz,
den ich fühle –

mit meinem Gebet,
das ich stammle.

GEBT

Aus dem Überschuss an
Lebendigkeit –
aus dem Schatz an Erfahrung –
aus dem Luxus an Freundlichkeit –
aus dem Reichtum an Hoffnung –
aus dem Übermaß an
Geborgenheit –
aus der Anhäufung an Zuspruch –
aus der Fülle an Humor –

... gebt!

DANKE

Selbstsicher
bin ich heute
all meine Wege
durch diesen Tag
gegangen.

Achtlos
habe ich heute
hingenommen,
was mir vielfach
geschenkt wurde.

Selbstverständlich
erschien mir heute
das Angenehme
und Beglückende
des Augenblicks.

Danke,
dass du
es heute
gut mit mir
gemeint hast.

SOVIEL DU BRAUCHST

Fünf Brote
und
zwei Fische
reichen für
5000 Menschen?
Unglaublich!

Trotz
Steinen, Vögeln
und Dornen
bringt der Samen
hundertfältige Frucht?
Unmöglich!

Nicht siebenmal,
siebzigmal siebenmal
können wir
unserem Nächsten
vergeben?
Undenkbar!

DANK II

Das Lied des Vogels
am frühen Morgen.

Das gebügelte Hemd
in meinem Schrank.

Der sanfte Regen
auf meinem Gemüsebeet.

Die leckere Marmelade
zu meinem Frühstück.

Das gute Gefühl
für diesen Tag.

Hab Dank für das,
was mir geschenkt ist.

Engel

GOTT SEI DANK

Viele sagen ja,
es gebe keine Engel,
das seien Hirngespinste,
fromme Sehnsüchte,
Wesen der Fantasie,
doch als ich neulich
an der befahrenen Kreuzung
über die Straße wollte, da
hat mich einer zurückgehalten,
und hätte er es nicht getan,
es wäre zu spät gewesen,
ich würde jetzt die Engel
im Himmel singen hören.

ENGEL

Engel
haben
keine Flügel,
aber
eine gewisse Leichtigkeit.

Engel
haben
keinen Heiligenschein,
aber
eine gewisse Ausstrahlung.

Engel
haben
keine Stimme,
aber
eine gewisse Bedeutung.

WER IST EIN ENGEL?

Ein Engel ist …

jemand,
der mir
Mut macht,
wenn ich
ratlos bin –

jemand,
der mich
lachen lässt,
wenn ich
zu Tode
betrübt bin –

jemand,
der mir
aufhilft,
wenn ich
am Boden
zerstört bin –

jemand,
der mich
hellsichtig macht,
wenn ich
nur noch
schwarzsehe.

ENGEL DAMALS UND HEUTE

Engel damals –

sie kamen herab
vom Himmel hoch,
aus einer anderen Welt,

zu den Hirten,
die da lagerten
auf Feldern vor Bethlehem,

auf die Erde,
inmitten der Nacht
an einen dunklen Ort,

um zu verkünden
die frohe Botschaft
von dem Kind im Stall.

Engel heute –

mitten unter uns,
auf Erden geboren,
begegnen sie uns

ganz unerwartet,
leuchten hervor
in menschlicher Gestalt

in unserem Alltag,
wo Zweifel quält
in Ohnmacht und Angst,

zu erfreuen uns
mit einer Erfahrung
berührender Liebe.

ENGELSBEGEGNUNG

Heute
hast du mir
einen Engel
geschickt,
der meine
Schwermut
in Leichtigkeit
verwandelt
hat.

Heute
hast du mir
einen Engel
geschickt,
der meine
Lethargie
in Lebendigkeit
verwandelt
hat.

Heute
hast du mir
einen Engel
geschickt,
der meine
Verzweiflung
in Zielstrebigkeit
verwandelt
hat.

ABENDGEBET

Ja, Herr, schick mir für die Nacht
einen Engel,
der ganz sacht
mich behütet,
mich bewacht,
mit mir weint
und mit mir lacht.

Ermutigung

ZUSPRUCH

Dein Wort
erfüllt
meine Stille

Deine Güte
belebt
meinen Atem

Deine Liebe
berührt
mein Empfinden

Deine Kraft
beseelt
meinen Leib

Dein Geist
bewegt
mein Herz

LEBENSERTÜCHTIGUNG

Wie gut tut
ein Wort
in meinen Ohren,
das mir sagt:
Du kannst das doch!

Wie belebend
ist ein Wort
in meinem Herzen,
das mir sagt:
Du schaffst das schon!

Wie ermutigend
wirkt ein Wort
in meiner Seele,
das mir sagt:
Du hast alle Kraft dazu!

AUFMUNTERUNGEN

Was heißt hier schon:
Lass deinen Kopf nicht hängen,
wenn mir das Wasser bis zum Hals
steht.

Was bedeutet denn:
Wag den nächsten Schritt,
wenn ich schon nah am Abgrund
stehe.

Was meint wohl:
Fang noch einmal von vorn an,
wenn ich nicht aus meiner Haut
kann.

Wie wäre es mit:
Hättest du Glauben wie ein
Senfkorn,
dann könnte etwas wachsen.

ERNEUERUNG

Als sie
mich
auf meine
Einschränkungen
festlegen wollten,
hast du gesagt:
Steh auf und geh!

Als sie
mich
bei meinem
Versagen
behaften wollten,
hast du gesagt:
Wag es noch mal!

Als sie
mich
für meine
Fehler
ausgrenzen wollten,
hast du gesagt:
Du kannst es besser!

SELBSTHEILUNGSKRÄFTE

JOHANNES 5,1–8

Man kann in der Tat
das Gehen verlernen,
wenn die Lähmung
einen lähmend ergreift,
weil es einem schwerfällt,
den nächsten Schritt
ernsthaft zu wagen.

Achtunddreißig Jahre
lag der Kranke
am Teich Bethesda,
weil er vergeblich
darauf wartete,
dass ein anderer ihn
zur Heilung führte.

Bis Jesus zu ihm kam
und ihn fragte,
ob er denn nicht
gesund werden will.

Steh auf und geh hin,
sprach Jesus zu ihm –
und der Kranke erkannte,
dass er selbst seine Lähmung
überwinden muss,
indem er einfach aufsteht
und den ersten Schritt wagt.

DU KANNST

Auch wenn du dich auf den Kopf
stellst,
du kannst die Welt mit klaren
Augen sehen.

Auch wenn du leicht in die Luft
gehst,
du kannst mit beiden Füßen auf
dem Boden bleiben.

Auch wenn du nichts von Musik
verstehst,
du kannst doch den richtigen Ton
treffen.

Auch wenn du schlechte Karten
hast,
du kannst das Spiel am Ende
gewinnen.

Auch wenn du einst über den Jordan
gehst,
du kannst sehr wohl im Himmel
ankommen.

Auch wenn du nur senfkorngroßen
Glauben hast,
du kannst mit deinem Glauben
Berge versetzen.

SPRICH NUR EIN WORT!

MATTHÄUS 8,8

Manchmal,
wenn wir
am Ende
unserer Möglichkeiten
angekommen sind,
wenn wir
nicht mehr
weiterwissen,
wenn wir
am dunklen Abgrund
stehen,
dann
„sprich nur ein Wort!"

Wenn uns
dann einer sagt:
„Geh hin;
dir geschehe,
wie du
geglaubt hast",
spüren wir
neue Kräfte,
die langsam
in uns
erwachen
und in uns
lebendig werden.

FÜLLE DES LEBENS

LUKAS 5,1–11

„Fahre hinaus,
wo es tief ist,
und werft eure Netze
zum Fang aus!"

So spricht einer,
der zum Leben ermutigt:

Wage es doch zur Unzeit.
Es kann nie zu spät sein.
Du wirst dich wundern.
Glaub' an deinen Erfolg.
Lass dich reich beschenken.

„Meister, wir haben
die ganze Nacht
gearbeitet und
nichts gefangen."

So spricht einer,
der das Leben kennt:

Wir sind leer ausgegangen.
Es war doch alles umsonst.
Wir hatten keinen Erfolg.
Das Glück ist ausgeblieben.
Wir haben im Trüben gefischt.

„Aber auf dein Wort
will ich die Netze auswerfen."

So spricht einer,
der Vertrauen wagt:

Du gibst mir Kraft und Mut.
Ich wage das Undenkbare.
Mein Tun hat einen Sinn.
Das Unmögliche wird wahr.
Du zeigst die Fülle des Lebens.

OPTIMISMUS

Im Anschluss an die Trauung
standen wir beim Sektempfang
im Kirchgarten zusammen und
unterhielten uns noch angeregt.

Da schaute mein Gesprächspartner
plötzlich zum Himmel und
sinnierte:
„Ob es auch hält?"

Ich dachte an die vielen Trauungen,
die ich schon vollzogen hatte, und
wie viele davon längst geschieden:
„Wir wollen es doch hoffen!"

„Es sieht aber nach Regen aus",
antwortete mein Gegenüber und
ich fiel aus allen Wolken.

Ewigkeit

WAS BLEIBT?

Alles geht
seinen Gang –
wie immer,

die Erde
dreht sich –
im Kreise,

die Zeit
fließt dahin –
unaufhörlich,

der Tag
geht und kommt –
wieder.

Die Jahre
ziehen vorüber –
unwiederbringlich.

Nur du
bleibst
von Ewigkeit
zu Ewigkeit.

EIN HAUCH VOLLKOMMENHEIT

Gib mir
mitten
im Lärm
einen Moment
der Stille.

Gib mir
mitten
in der Stille
einen Augenblick
der Gelassenheit.

Gib mir
mitten
in der Gelassenheit
einen Wimpernschlag
der Ewigkeit.

ZUKUNFTSMUSIK

Eines Tages werde ich an den Punkt kommen,
an dem mich die Wahrheit frei machen wird,

dass ich nicht alles allein bewältigen muss,
weil deine Kraft in den Schwachen mächtig ist,

dass ich mich nicht mehr verausgaben muss,
weil du den Müden Kraft und Stärke gibst,

dass ich mein Glück nicht im Erfolg sehen muss,
weil deine Liebe mich immer wieder hochzieht,

dass ich nicht da bin, um Wunder zu vollbringen,
weil du mir Glauben schenkst, der Berge versetzt.

EWIGES LEBEN

LUKAS 10,25-29

Da kam ein Schriftgelehrter
und fragte Jesus
nach dem ewigen Leben
in ferner Zukunft:
„Was muss ich tun?"

Und Jesus ließ
den Schriftgelehrten
die Antwort
selbst geben:

Gott über alles lieben
mit Herz und Verstand,
mit Leib und Seele –
und meinen Nächsten
wie mich selbst!

So ist es,
sagte Jesus.
Tu das –
und du wirst
schon jetzt leben.

IN DIE KARTEN SCHAUEN

Gern würde ich dir
in die Karten schauen,
weil ich neugierig bin,
womit du auftrumpfst.

Könnte es denn sein,
dass du ein verdammt
gutes Blatt in Händen
hältst, um zu gewinnen?

Was ist heute Trumpf,
willst du hier mit Herz
ganz groß rauskommen?
Schneider ist angesagt.

Oder täusche ich mich.
Womit willst du reizen?
Musst du etwa passen
vor deinem ersten Stich?

Vielleicht hast du ja
noch ein großes Ass
in deiner Hinterhand,
das rechtzeitig sticht?

Du willst Grand spielen!
Kreuz Bube ist Trumpf.
Ein sehr riskantes Spiel.
Darauf gibt es Contra.

Gratulation, Spieler,
Kreuz hat gestochen,
Re spielt alle schwarz.
Dein Blatt ist himmlisch.

LOSLASSEN I

Mitten am Tag
frage ich mich,
wie ich das alles
schaffen soll,
was von mir
erwartet wird
und auf mir lastet.

Mitten am Tag
frage ich dich,
ob du mir nicht
so manche Last
abnehmen könntest,
die mich drückt und
mir den Atem nimmt.

Mitten am Tag
bleibe ich stehen
und mir wird bewusst,
dass ich loslassen muss,
was auf mir lastet,
damit du es
für mich tragen kannst.

LOSLASSEN II

Die Nacht
das Dunkel
die Albträume

die Zweifel
die Ängste
die Blockaden

das Gerede
den Klatsch
das Gespött

das Unverständnis
die Vorurteile
die Anfeindungen

den Argwohn
die Sorgen
die Schwarzmalerei

und
frei werden
für

das Vertrauen
die Hoffnung
und die Liebe

AUSBLICK

Ich muss nicht
alles glauben,
nur dass ich dir
vertrauen kann.

Ich muss nicht
jeden lieben,
nur dass du mich
allezeit liebst.

Ich muss nicht
immer hoffen,
nur dass du mir
Hoffnung bleibst.

FREIHEIT

Freiheit –
das bedeutet für mich ab heute:

mein Leben in die Hand zu
nehmen,
ein gutes Ziel vor Augen zu haben,
Verantwortung wahrzunehmen,
der Liebe eine Chance zu geben,
den Himmel über mir zu spüren,
auf Gott zu vertrauen,
die Hoffnung nie aufzugeben.

Frieden

ÜBERRASCHEND EINFACH

Manchmal
ist es einfach da –

nicht gemacht,
nicht gewollt,

nicht beabsichtigt,
nicht herbeigerufen,

nicht verlangt,
nicht gezimmert –

das Verstehen –
unausgesprochen,

das Mitgehen –
unbegrenzt,

das Einssein –
unbeschwert.

WER ICH BIN

Ich bin
nicht das,
wofür mich
die anderen
halten.

Ich bin
nicht das,
wie ich
mich selbst
gern sehe.

Ich bin
nicht das,
was ich
oft meine
zu sein.

Ich bin
aber der,
der vor dir
alle Achtung
hat

und
in deiner Liebe
geborgen
dem Leben
gewachsen ist.

ÜBERLEGUNGEN

Ich habe alles,
was ich brauche.

Ich brauche nicht alles,
was ich habe.

Ich will haben,
was ich nicht habe.

Was ich haben will,
brauche ich nicht unbedingt.

Ich will brauchen,
was ich nicht habe.

Ich brauche nicht einmal,
was ich habe.

Warum habe ich nicht,
was ich wirklich brauche?

ERLÖSUNG

Ich bin erlöst,

wo ich
einen Menschen
so sein lassen kann,
wie er sich gibt;

wo ich
mich selbst
so verschenken darf,
wie ich mich nehme;

wo ich
dich, Gott,
so verstehen will,
wie du unbegreiflich bleibst.

FRIEDEN

Eine Oase
mitten in der Wüste

umgeben
von wandernden Sanddünen

reich
an klarem Quellwasser

lebendig
im wachsenden Grün

gefährdet
durch stürzende Fluten

gesegnet
in tolerantem Miteinander

EIN WORT

Es genügte
eine Begegnung
ein Blick
eine Frage
ein Impuls
schlicht
ein Wort –

und
der Blinde
wurde
wieder sehend

und
der Lahme
konnte
wieder gehen

und
der Ängstliche
wurde
wieder gelassen

und
der Besessene
konnte
wieder lachen.

Geborgenheit

SCHUTZ

O Herr,

sei du der Fels,
der mir Boden
unter meinen Füßen gibt,
wenn mein Leben
ins Wanken gerät –

sei du das Licht,
das die Schritte
auf meinem Weg erleuchtet,
wenn mein Leben
durchs Dunkel führt –

sei du der Raum,
der mir Schutz
in meiner Bedrängnis gewährt,
wenn mein Leben
ohne Halt erscheint.

BEZIEHUNGSGLÜCK

Bei dir
bin ich
wohlbekannt,
auch wenn
andere
nichts
wissen wollen
von mir.

Vor dir
bin ich
wertgeachtet,
auch wenn
andere
nichts
übrighaben
für mich.

In dir
bin ich
gut aufgehoben,
auch wenn
andere
nichts
schützend halten können
über mir.

MITSEIN

Wenn ich durch das Dunkel gehe,
bist du mein Licht.

Wenn ich keine Stimme habe,
bist du mein Wort.

Wenn ich im Regen stehe,
bist du mein Regenbogen.

Wenn ich nach Luft ringe,
bist du mein Atem.

Wenn ich im Lärm versinke,
bist du meine Stille.

Wenn ich auf dem Meer treibe,
bist du mein Boot.

Wenn ich die Einsamkeit spüre,
bist du mein Gegenüber.

REGENBOGEN

Nach einem heftigen Regen
ist er am Himmel erschienen.

Wo es die ganze Zeit grau war,
leuchten nun seine bunten Farben.

Was vorher sehr düster erschien,
hat ein Leuchten hervorgebracht.

Womit ich nicht gerechnet habe,
hat sich überraschend eingestellt.

Die Hoffnung hat ein Symbol,
das Leben eine bessere Zukunft.

Alles überspannend wie ein Zelt
fühle ich mich darunter geborgen.

AUFATMEN

Ich muss nicht
allen gut Freund sein,
aber es wäre schön,
wenn ein guter Freund
für mich da wäre.

Ich muss nicht
alles recht machen,
aber es wäre schön,
wenn mir manches
doch gelänge.

Ich muss nicht
alles haben,
aber es wäre schön,
wenn Weniges mich
bereichern würde.

Ich muss nicht
alles glauben,
aber es wäre schön,
wenn mein Glaube
Gott vertraute.

FORTSCHRITTE

Im Dunkeln
hell sehen.

Im Kalten
warm spüren.

Im Lärm
stumm fühlen.

Im Nass
dicht bleiben.

Im Alten
neu werden.

Gelassenheit

SEGEN

Segne
meine Langsamkeit,
dass sie mich bewahrt
vor schnellem Frust.

Segne
meine Lässigkeit
dass sie mich beschirmt
vor blindem Übereifer.

Segne
meine Ungewissheit,
dass sie mich beschützt
vor falscher Sicherheit.

GEBET UM GELASSENHEIT

Herr, lass mich heute leben
und nicht ängstlich in die Zukunft
schauen.

Herr, lass mich heute fröhlich sein
und nicht fragen, was morgen sein
wird.

Herr, lass mich heute dankbar sein
und nicht grübeln, was kommen
kann.

Herr, lass mich heute lieben
und nicht warten auf bessere Zeiten.

Herr, lass mich dich heute loben
und nicht zweifeln, was du mir
bringst.

AUTOMATISCH

MARKUS 4,26-29

Was Gott anfängt,
ist wie das
Aussäen des Samens,
der von alleine
aufgeht und wächst.

Da kannst du
heute und morgen
gelassen bleiben und
ruhig schlafen und
immerzu staunen.

Denn wie von selbst
gedeiht die Frucht
und vermehrt sich
ohne dein Zutun –
Gott vollendet es.

GEGENBEWEGUNG

Schneller, höher, weiter,
heißt das olympische Motto.

Wenn ihr senfkorngroßen
Glauben hättet, sagt Jesus.

Die Massen zu bewegen,
ist der Anspruch der Großen.

Wo zwei oder drei in meinem
Namen versammelt sind, sagt Jesus.

Die ganze Welt zu beherrschen,
versuchen immer mehr Konzerne.

Wer unter euch groß sein will,
der sei euer Diener, sagt Jesus.

KONTRASTE

Der kluge Mann baut vor,
wissen die Perfektionisten.
Sorget nicht für morgen,
rät Jesus zur Gelassenheit.

So wie du mir, so ich dir,
betonen die Betrogenen.
Vergebet siebzigmal siebenmal,
ermutigt Jesus zum Frieden.

Jeder ist seines Glückes Schmied,
mutmaßen die Sicheren.
Betet um Gutes zu Gott,
reizt Jesus zur Besonnenheit.

Es muss alles beim Alten bleiben,
sagen die Ängstlichen.
„Siehe, ich mache alles neu!",
sagt der lebendige Christus.

JAHRESBILANZ

Am Ende eines Jahres:
Zurückblicken.
Überdenken.
Bilanzieren.

Am Ende eines Jahres:
Erinnern, was war.
Sehen, was gut.
Fragen, was bleibt.

Am Ende eines Jahres:
Dem Leben nachspüren.
Seine Freude empfinden.
Das Glück mitnehmen.

Am Ende eines Jahres:
Nach vorne schauen.
Zuversichtlich sein.
Gelassen bleiben.

Am Ende eines Jahres
gewiss sein:
Was war, war.
Was ist, ist.
Was kommt, kommt.

RÜCKBLICK

Am Ende eines Tages
schaue ich zurück
und sehe gelassen

wie du
mir die Augen
geöffnet –

wie du
mir die Hände
gefüllt –

wie du
mir das Herz
erfreut –

wie du
mir den Geist
belebt –

wie du
mir deine Güte
geschenkt hast.

UNENDLICHE WEITEN

In einer sternenklaren Nacht
sehe ich in den Himmel und
erfreue mich am Leuchten
unzähliger Himmelslichter.

Vor 13,7 Milliarden Jahren
gab es den großen Urknall,
Anfang von Zeit und Raum,
von Atomen und Materie.

Galaxien driften auseinander,
Sonnen entstehen, vergehen,
auf unserer Erde ist Leben
entstanden und entwickelt.

Unendliche Weiten sind das,
unvorstellbare Zeiträume.
Meine Gedanken vermögen
kaum, dies alles zu fassen.

Wie sind meine Problemchen
so klein und unbedeutend!
Ach, hätte ich doch im Geiste
nur annähernd so viel Raum.

Ich würde gelassener handeln,
viel barmherziger reagieren,
fester hoffen und vertrauen,
weiträumigere Visionen haben.

Geist

HEILIGER GEIST

Der
meinen Atem
ruhig
gehen lässt,

der
mein Herz
gleichmäßig
schlagen lässt,

der
meine Haut
entspannt
sein lässt,

der
meine Augen
gelassen
schauen lässt.

KEINE ZEIT

Mein Gott, ich habe
heute keine Zeit für dich.

Zu viel zu tun
Termine Geschäfte Verpflichtungen

und überhaupt
Gedanken Sorgen Zwänge

da fehlt mir
Freiraum Konzentration Muße

für uns zu zweit
Begegnung Gespräch Gebet

oder für mehr
Gottesdienst Pilgertour Klosterzeit

vielleicht wäre das gegen
Lustlosigkeit Ermüdung Burnout

aber genau das Richtige
Wiederbelebung
Neugeburt
Begeisterung

Ja, komm, Heiliger Geist!

IN BEWEGUNG KOMMEN

Bring mich in Bewegung,
dass ich nicht sitzen bleibe,
sondern mich aufmache
und Spuren hinterlasse.

Bring mich in Bewegung,
dass ich nicht einroste,
sondern jederzeit wie
geschmiert und geölt laufe.

Bring mich in Bewegung,
dass ich nicht versauere,
sondern tätig werde und
die Sache in die Hand nehme.

Geist des Lebens –
bring mich in Bewegung!

PFINGSTEN

Pfingsten –
das heißt:

Der Geist kommt herab auf die
Gläubigen ...
... und Mut überwindet die Angst –
... und Begeisterung überwindet die
Sprachlosigkeit –
... und Liebe überwindet die Fremdheit.

DAS PFINGSTWUNDER

Pfingsten –
was ist das, fragte mich jemand.
Und ich sagte nach
einem kurzen Moment des
Überlegens:
– Ermutigung für die Ängstlichen!
Ungläubiges Staunen schaute mich
an.
Mit dieser Antwort hatte
mein Gesprächspartner nicht
gerechnet.
– Befreiung der Eingeschlossenen!
schob ich gelassen nach.
Und auch jetzt starrte mich
mein Gegenüber regungslos an.
Er konnte es nicht glauben.
– Aufbruch der Lebendigen!
kam es aus mir heraus.
Und er zuckte nur mit den Achseln.
– Begeisterung für das Leben!
fiel mir ein und noch dazu
– Freude an Kommunikation!
Seine Verwirrung war komplett.

Ja doch, sagte ich,
in meiner Sprache,
in einer Sprache,
die jeder verstehen konnte:
Pfingsten ist das Wunder,
dass Menschen,
die – eingeschüchtert und
verängstigt –
sich vom Leben zurückgezogen
hatten,
wieder ins Leben zurückfinden
und erfüllt werden von Begeisterung
für ein Leben,
das ihnen Kraft und Zuversicht gibt.
Pfingsten ist das Wunder,
das Menschen
aus ihr Engstirnigkeit herausholt,
sie aus ihren Vorurteilen befreit,
ihnen ihre Berührungsängste nimmt
und sie ungehemmt bereit macht,
mit anderen Menschen,
ganz gleich welcher Herkunft,
welcher Hautfarbe, welchen
Geschlechts,
welcher Religion oder Sprache
zu reden und zusammenzuleben.

Das ist Pfingsten, nichts anderes –
und manchmal braucht es dazu
ein Brausen vom Himmel,
das uns aufschreckt,
einen gewaltigen Wind,
der uns durchrüttelt
und zur Vernunft bringt
und ein Feuer,
das uns in Bewegung und
Begeisterung versetzt.

AUS DER ASCHE

Ich bin müde,
ausgelaugt,
kraftlos.

Mir ist die
Begeisterung,
Leidenschaft,
Faszination
abhandengekommen.

Wo heiße Glut war,
ist nur noch Asche.

Mein Gott,
entfache neu
das Feuer in mir.

Lass die Flammen
wieder munter lodern
und erhelle
mein Gemüt
mit Zuversicht.

ERLEUCHTUNG

Wo
das Wort
mit
Einfühlungsvermögen
begegnet –

wo
der Gedanke
mit
Verständniskraft
überzeugt –

wo
der Geist
mit
Liebenswürdigkeit
berührt –

da
geht mir
das Herz
auf.

Glauben

AUSGERECHNET

Ich habe mir
ausgerechnet,
was es kostet,
jetzt und hier
ohne
Sicherheiten
auf dich, Gott,
zu vertrauen.

Es kostet mich
ausgerechnet
meinen Glauben.

GLAUBEN

Was soll ich glauben?

Das Unmögliche,
das Unfassbare,
das Unbegreifliche,
das Ungeheuerliche,
das Unbeschreibbare,
das Unergründliche,
das Unverfügbare?

Mein Gott, ich glaube,
hilf meinem Unglauben.

GLAUBENSSCHATZ

Unser Glaube
ist ein
wunderbarer Schatz,
der uns
Mut macht:

Wir glauben daran,
dass wir
gehalten sind,
wenn wir den Boden
unter unseren Füßen
verlieren.

Wir glauben daran,
dass wir
atmen können,
wenn uns die Sorgen
unsere Kehle
zuschnüren.

Wir glauben daran,
dass wir
ein Licht finden,
wenn wir
im Alltäglichen
vom Schwarzsehen
beherrscht werden.

Wir glauben daran,
dass wir
zur Ruhe kommen,
wenn wir
uns in Nervosität
auflösen.

Wir glauben daran,
dass wir
frei werden,
wenn wir
in Zwängen
gefangen sind.

Wir glauben daran,
dass wir
den Himmel sehen,
wenn wir
die Wolken
vorüberziehen lassen.

AUF DEN BEINEN

Glauben –
das ist nicht,
es sich
bequem machen,
zu Hause
rumsitzen,
Gott einen
guten Mann
sein lassen,
alles hoffen
und nichts
dafür tun.

Glauben –
das ist
in Bewegung
kommen,
sich auf
den Weg
machen,
Neues wagen
und Altes
hinter sich
lassen.

Glauben –
das ist ein
wunderbares
Fitnessprogramm
für Körper
und Geist,
für Herz
und Seele,
für Augen
und Ohren,
für Hände
und Füße.

AN GOTT GLAUBEN

„Ja, ich glaube an Gott",
sagen mir viele Menschen,
und ich möchte glauben,
dass sie es ernst meinen.

Doch was ist das eigentlich
und was heißt es zu glauben
an dich, den Unsichtbaren,
der mir verborgen bleibt?

Möglich, dass mein Glaube
ein ganz anderer Glaube ist
und sich kräftig unterscheidet
vom Glauben der anderen.

Für mich heißt glauben nicht,
dass Gott ein guter Mann ist,
meine Wünsche sich erfüllen,
die Bibel immer Recht hat.

Glauben heißt für mich leben
im Vertrauen ohne Sicherheit,
im Lieben zur Barmherzigkeit,
im Hoffen auf Lebendigkeit.

ICH WEISS UND GLAUBE

Gut zu wissen,
dass wir Menschen
aus Fleisch und Blut
gemacht sind.
Aber ich glaube,
unsere Hoffnung
kann geistvoll sein.

Gut zu wissen,
dass unsere Vernunft
an unser Gehirn
gebunden ist.
Aber ich glaube,
unsere Liebe
kann grenzenlos sein.

Gut zu wissen,
dass unsere Welt
aus Ursache und Wirkung
besteht.
Aber ich glaube,
unser Glaube
kann Berge versetzen.

Glück

WIE EIN BAUM

Verwurzelt
im Boden des Vertrauens –

Gespeist
von der Nahrung des Humors –

Geschützt
durch die Rinde der Erfahrung –

Bewegt
mit den Ästen der Überraschung –

Gewachsen
in den Himmel der Träume.

LEBENDIGKEIT

Über mir ist der große Himmel,
der mir einen weiten Raum gibt.

Vor mir liegt das ferne Ziel,
das mich auf den Weg bringt.

Neben mir ist die Anfechtung,
die mich ab und an infrage stellt.

Hinter mir bleibt die Erfahrung,
die mir Kraft und Stärke gibt.

Unter mir ist die bleibende Spur,
die mir Schritt für Schritt zeigt.

In mir ist die feste Gewissheit,
die mir zur Begeisterung wird.

WEIN

Heute
bin ich
auf den Geschmack
gekommen

und so
habe ich
Wasser in Wein
verwandelt

Zurückhaltung
in Offenheit

Angespanntsein
in Gelassenheit

Nachdenklichkeit
in Gewissheit

Ungewissheit
in Überzeugung

Zweifel
in Zuversicht

WASSER IN WEIN GEWANDELT

Wo ein neuer Gedanke
die alten Grenzen sprengt –

Wo ein interessanter Rat
einen besseren Weg weist –

Wo ein überraschter Blick
eine tolle Einsicht verrät –

Wo ein fester Händedruck
ein gutes Miteinander zeigt –

Wo ein ehrliches Gespräch
eine schöne Hoffnung gebiert –

– da wird Wasser zu Wein.

GLÜCK

Du kannst von Glück reden,
dein Haus auf Felsen, nicht
auf Sand gebaut zu haben.

Du kannst von Glück reden,
deine linke Hand nicht wissen
zu lassen, was deine rechte tut.

Du kannst von Glück reden,
deine Schätze im Himmel vor
Rost und Motten zu schützen.

Du kannst von Glück reden,
senfkorngroßen Glauben
in deinem Herzen zu haben.

Du kannst von Glück reden,
deinen neuen gärenden Wein
in neue Schläuche zu füllen.

FROHE BOTSCHAFT

Die Müden
bekommen neue Kraft.

Die Bedrückten
finden die Freiheit.

Die Zaghaften
sprühen vor Mut.

Die Glücklosen
kommen zum Erfolg.

Die Unverbesserlichen
erkennen das Gute.

Gott

MENSCHLICH

Weil
du, Gott,
ganz Mensch
geworden bist,

kann
ich, Gott,
ganz Mensch
werden,

und
dir, Gott,
im Menschen
begegnen,

um
mich, Gott,
als Mensch
zu verstehen.

SEI DU DER DIE DAS

Sei du, Gott,
der Leuchtturm in der Ferne,
der Fels in der Brandung,
der Baum in der Weite,
der Weg in der Einöde.

Sei du, Gott,
die Speise in der Not,
die Ruhe in der Eile,
die Hand in der Menge,
die Kraft in der Schwäche.

Sei du, Gott,
das Wasser in der Wüste,
das Licht in der Nacht,
das Wort in der Stille,
das Salz in der Suppe.

WO

Wo bist du, Gott?
In meinen Worten.

Wo versteckst du dich?
In meinen Gedanken.

Wo begegne ich dir?
In meinen Beziehungen.

Wo finde ich dich?
In meinem Glauben.

Wo suche ich dich?
In meinem Leben.

OFFEN SEIN

Du, Gott,
bist für mich

nicht anwendbar in
mathematischen Formeln
oder
physikalischen Gesetzen,

nicht auffindbar in
himmlischen Sphären
oder
kosmischen Räumen,

nicht begreifbar in
philosophischen Gedanken
oder
theologischen Formulierungen.

Du, Gott, bist
für mich der,
der sich festnageln ließ
und doch
seine offenen Arme behielt.

GOTTESFRAGE

Bist du
der Regen,
der das Land feuchtet,
dass es wachse und gedeihe?

Bist du
der Gedanke,
der das Dunkel erhellt,
dass es leuchte und strahle?

Bist du
das Wort,
das die Stille durchbricht,
dass es töne und schalle?

Bist du
die Liebe,
die den Menschen ergreift,
dass es blühe und grüne?

NICHT EINVERSTANDEN

Nein, mein Gott,
ich bin nicht
einverstanden,

dass du dich
bedeckt hältst,

dass du dich
raushältst,

dass du dich
zugeknöpft hältst,

dass du dich
abseits hältst,

dass du dich
stumm hältst.

BILDERSTURZ

Längst
habe ich mir
ein Bild
gemacht
von dir.

Eingerahmt
hängt es
unverrückbar
an der Wand
meiner Illusion.

Doch dann
kommst
du daher
und fällst
aus dem Rahmen.

Du lässt
dich
eben nicht
einrahmen
im Geiste.

GOTTESBILDER

Du bist

der Boden
unter
meinen Füßen,

der Pfad
durch
das Dickicht,

der Wegweiser
an
der Kreuzung,

das Ziel
in
meiner Suche.

DU IN MIR

In meinen
Fragen,
Zweifeln,
Ängsten –
Du, Gott.

Aber auch
in meinen
Träumen,
Sehnsüchten,
Hoffnungen –
Du, Gott.

Selbst
in meinen
Gedanken,
Worten,
Taten –
Du, Gott.

DU, MEIN GOTT

In den Weiten und Tiefen des
Universums,
in und zwischen unzähligen
Galaxien,
in den Undenkbarkeiten – Du.

In den kleinsten Winkeln des
Mikrokosmos,
in und zwischen allerlei Atomen,
in den Unsichtbarkeiten – Du.

In den Wundern des Alltäglichen,
in und zwischen dem Geschehen,
in den Faszinationen – Du.

In den Netzen des
Zwischenmenschlichen,
in und zwischen allen Beziehungen,
in den Bewegungen – Du.

In den vielen Fragen unseres
Glaubens,
in und zwischen meinen Gedanken,
in den Ungewissheiten – Du.

Hoffnung

ERLEUCHTUNG

Durch das Dunkel
meiner Angst,

durch den Nebel
meiner Zweifel,

durch die Nacht
meiner Einsamkeit,

durch die Gischt
meiner Leiden,

ins helle Licht –

freie Sicht
auf mein Leben.

HOFFNUNG I

Hoffnung –
das heißt
für mich

die Welt
aus dem Frieden Gottes
heraus betrachten,

mein Leben
von der Liebe Gottes
umfangen wissen,

die Zukunft
in der Hand Gottes
gehalten glauben,

den Augenblick
für Gottes Gnade
offen sehen.

HOFFNUNG II

Hoffnung heißt
für mich
immer wieder

in den sauren Apfel beißen
an seine Grenzen gehen
das Letzte aus sich herausholen
über sich hinauswachsen

Hoffnung heißt
für mich
aber auch:

durchhalten
wenn man
den Kürzeren zieht,
wenn man
das Nachsehen hat,
wenn man
auf der Strecke bleibt,
wenn man
schwarzsieht.

HOFFNUNGSSCHIMMER

In der Nacht
leuchtet der Stern.

In der Wüste
zählt der Tropfen.

In dem Herbstzweig
keimt die Knospe.

In der Frage
lacht die Antwort.

In dem Warten
reift die Geduld.

In der Angst
wächst der Glaube.

WUNSCHVORSTELLUNG

Sei du
der Gedanke,
der mich
überrascht.

Sei du
das Bild,
das mich
bewegt.

Sei du
der Ton,
der mich
entzückt.

Sei du
das Wort,
das mich
entflammt.

Sei du
die Hand,
die mich
berührt.

GÄRTNERN

Unsere Beziehung
ist über die Jahre
zur Brache geworden.

Um sie
neu zu beleben,
will ich
das Feld wieder bestellen,
zartes Vertrauen säen,
Einfühlsamkeit pflanzen,
das Miteinander hegen
und Verständnis pflegen.

Es wird nötig sein,
das Liebevolle zu wässern,
das Lebendige zu schützen,
das Misstrauen zu jäten,
das Unsinnige zu beschneiden,
das Bedrohliche auszureißen,

auf dass
unsere Beziehung
aufblüht und gedeiht,
wächst und Früchte trägt.

Dazu segne
den Boden, alle Voraussetzungen,
die Saat, unsere Bemühungen,
die Frucht, unseren
Einfallsreichtum.

Jesus

WEIHNACHTEN

Ein Kind
kommt zur Welt

Ein Stern
erscheint am Himmel

Eine Hoffnung
wird geboren

Ein Anfang
ist gemacht

Ein Friedensbringer
wächst heran

Ein Gott
wird Mensch

Ein Licht
geht mir auf

CHRISTUS SEHEN

Christus sehen
geschieht in der Welt
im Frieden bringen.

Christus sehen
realisiert sich am Menschen
im Liebe geben.

Christus sehen
gelingt für mich selbst
im Vertrauen haben.

NOTWENDIGKEIT

Er glaubte,
dass die Liebe
Menschen heilt,
und musste
daran glauben.

Er befreite
Menschen
aus ihren Zwängen
und wurde
festgenagelt.

Er ermutigte
diejenigen, die
zu Kreuze krochen,
und wurde
aufs Kreuz gelegt.

Er setzte
sich für
andere ein
und musste
sein Leben lassen.

Er war
gehorsam
bis zum Tod
und erstand
am dritten Tag.

CHRISTUSHYMNUS

PHILIPPER 2,6-11

Er, der als himmlische Gestalt
erschien,
hielt sich nicht für ein göttliches
Wesen,

sondern legte diesen Schein ab und
wurde machtlos,
ward wie du und ich und erschien
ganz als Mensch.

Er verzichtete auf Glanz und Gloria,
ging seinen Weg
konsequent bis zum Ende, ja zum
Ende in Ohnmacht.

Darum hat ihm Gott auch
Anerkennung geschenkt
und mehr Bedeutung gegeben als
allen anderen,

dass sich an ihm alle orientieren und
Halt finden,
die Gewissen, die Suchenden und
Bedrängten,

und jeder Mund es über seine
Lippen bringt,
dass Jesus Christus der Lebendige
ist,
der uns Gottes väterliche Nähe
schenkt.

ICH BIN DIE TÜR

Ich bin die Tür,
sagt Jesus,
die Tür
zum Leben.

Sie ist
für dich
nicht
verschlossen.

Du kannst sie
öffnen,
eintreten,
staunen.

Keine Angst,
öffne sie,
nur Mut,
tritt ein.

Lass dich
überraschen von
den Möglichkeiten
des Lebens.

HUMORVOLLE BILDER

Was siehst du
aber den Splitter
in deines Bruders Auge,
und den Balken
in deinem Auge
nimmst du nicht wahr?

Es ist leichter,
dass ein Kamel
durch ein Nadelöhr gehe,
als dass ein Reicher
ins Reich Gottes komme.

Ihr verblendeten Führer,
die ihr Mücken aussiebt,
aber Kamele verschluckt.

Wer ohne Sünde ist,
der werfe den ersten Stein.

Lass die Toten
ihre Toten begraben.

Wer Ohren hat,
der höre!

Wenn wir doch auch
unseren Mitmenschen
mit so viel Humor
begegnen würden,
wie Jesus es getan hat.

Kirche

IN DEINEM HAUS

Heute war ich in deinem Haus,
mitten am Tag ganz ungeplant,
und habe einige Minuten Stille
in deinen Mauern genossen.

Ich habe meinen Atem gespürt
und meinen Herzschlag gefühlt.
Ganz ohne ein Wort zu sagen,
habe ich auch mit dir gesprochen.

Diese Ruhe hat mir sehr gutgetan,
die Unterbrechung meiner Arbeit,
das Loslassen aller Verpflichtungen,
das stille Zu-mir-selbst-Kommen.

Als ich dann gegangen bin,
habe ich eine Kraft empfunden,
als hätten sich meine Batterien
bei dir wieder neu aufgeladen.

KIRCHE MODERN

Während die Einen
ängstlich festhalten
an dem Alten, das
ja nicht verändert
werden soll, und
stecken geblieben
sind im Gestern,

sind die anderen
aufgebrochen, das
Neue jetzt zu wagen
und andere Wege
auszuprobieren, um
das Hier und Heute
ernst zu nehmen

und Antworten auf
die Fragen der Zeit
zu finden, die allen
verständlich sind,
und die Botschaft
Jesu von Nazareth
glaubhaft machen,

während noch immer
Menschen rückwärts
gewandt verharren
und nicht loslassen
von alten Formeln
und unverständlichen
Worten und Floskeln.

WESENTLICHES

Gott,
lass mich
das Wesentliche
vom Unwesentlichen
unterscheiden:

Das Erreichte
von dem Enttäuschten

Das Geliebte
von dem Versagten

Das Verstandene
von dem Ungeklärten

Das Zärtliche
von dem Erzwungenen

Das Bewegende
von dem Erstarrten

PREDIGEN I

Wenn ich von Gott
und seinen Vertretern
predige, sagen sie,
es ist uns zu biblisch.

Wenn ich von der Welt
und ihren Problemen
predige, sagen sie,
es ist uns zu politisch.

Wenn ich vom Menschen
und seinen Sorgen
predige, sagen sie,
es ist uns zu persönlich.

Was, um Gottes Willen,
soll ich denn predigen –
und wie nur soll Gott
den Menschen begegnen?

PREDIGEN II

Ich will
dir
mit
meiner Predigt

nicht
den Kopf waschen,

nicht
die Leviten lesen,

nicht
den Marsch blasen,

sondern

dir
Ermutigung schenken,

dir
Freiheit aufzeigen,

dich
in Bewegung setzen.

PREDIGTVERSTÄNDNIS

Wo hat heute der Prediger
in seinen Predigtgedanken
meine Lebenswelt berührt?

Ich habe etwas erfahren
aus vergangenen Zeiten
von fremder Wirklichkeit.

In der Bibel mag sich
der Prediger auskennen.
Ich scheine ihm fremd.

Meine Lebensgefühle,
meine Nöte und Sorgen
bleiben ohne Antwort.

Was fange ich damit an,
mit dem Bibelgebabbel,
das weltfremd erscheint?

Ich suche Berührungen,
einfühlsame Momente,
neue Lebenseinsichten.

Leid

SEELISCHE ANZEICHEN

Es schnürt mir
die Kehle zu.

Es geht mir
an die Nieren.

Es schlägt mir
auf den Magen.

Es geht mir
unter die Haut.

Es brennt mir
unter den Nägeln.

Es liegt mir
auf dem Herzen.

Dies spricht mir
aus der Seele,
mein Gott.

SEELEN-BLUES

Müde
kraftlos
schwermütig
zieht sich
mein Tag
wie Kaugummi
ich bewege mich
in Zeitlupe
bleischwer
unmerklich
und fühle mich
gelähmt
gefangen
eingesperrt
hinter
unüberwindbaren
unsichtbaren
Mauern
ich schreie
mich heiser
lautlos
unhörbar
und will
nur eines:

Schöpfer-Gott
befreie mich
aus meinem
Seelentief
hauche mir
neues Leben
ein

IN DEINE HAND

Ja, ich dachte, ich
hätte das Leben
fest im Griff.

Von jetzt auf gleich
hat mich das Leben
einfach losgelassen.

Ich verlor den Halt,
stürzte immer tiefer,
fiel ins Bodenlose.

Wer weiß, wie tief,
nur eines glaube ich
in meiner Zuversicht:

Dass ich ja nicht
tiefer fallen kann,
als in deine Hand.

ZUMUTUNG I

Tagtäglich
beseitigt er
schweigend
unseren
stinkenden Zivilisationsmüll.

Seit Monaten
kümmert sie sich
intensiv
um ihren
demenzkranken Mann.

Jahre schon
erträgt er
geduldig
seine
schwere Behinderung.

Immer wieder
erlebt sie
gleichgültig
ihr zugefügte
verletzende Gewalt.

Mein Gott,
welche Zumutungen
gibt es –
und ich bin so hilflos.

MULTIPLES KRANKSEIN

Mein Gott,

irgendwie
stehe ich
neben mir

mir ist
Hören und Sehen
vergangen

ich bin
von der
Rolle

fühle mich
richtig durch
den Wind

bin nicht
mehr Herr
meiner Sinne

Darum,
mein Gott,

gib mir
einen
klaren Verstand

erneuere
meinen
müden Geist

stärke
meine
betrübte Seele

bewege
meinen
schwachen Körper

erwecke
mir
echte Gefühle.

LEBENSGEFÜHL

Die Diagnose
hatte mir
die Sprache
verschlagen,
den Verstand
geraubt,
meine Sinne
betäubt.

So langsam
komme ich
wieder zu mir
und gewinne
ein Gefühl
für das Leben,
das mehr ist,
als was war.

Angeschlagen
suche ich
zärtliche Berührungen,
offene Arme,
haltende Hände,
die mich
das Leben
spüren lassen.

HILF, HERR!

PSALM 69,2F

Gott, hilf mir!
Das Wasser geht mir bis an die
Kehle.
Ich versinke in tiefem Schlamm.
Die Flut will mich ersäufen.

Ich drohe gleich unterzugehen
in den vielen Wirren meines Alltags.
Der sichere Halt unter meinen
Füßen,
der stabile Grund geht mir verloren.

Meine Gesundheit ist angeschlagen,
meine Beziehung gerade zerbrochen,
meine berufliche Zukunft fraglich,
meine Zuversicht unten am Boden.

Meine Hand strecke ich dir
entgegen,
meine Hoffnung richtet sich auf
dich.
Du allein kannst mich herausziehen,
vor dem drohenden Vergehen
bewahren.

Gib mir neuen Halt unter meinen
Füßen,
lass mich einen festen Stand
gewinnen.
Ordne mein Leben, dass
Bedrohungen
keine Macht mehr über mich haben.

Liebe

FEEDBACK

Als ich
meine Liebe
verschenkte,

wurde es
mir warm
ums Herz.

Als ich
gegen Unrecht
aufstand,

bekam ich
ein starkes
Rückgrat.

Als ich
mein Leben
teilte,

wuchs
mein Vertrauen
in dich!

SEIN LEBEN LASSEN

Sein Leben lassen
für die Freunde
geschieht
immer dann
wenn wir
die Zweifel des anderen
verstehen

wenn wir
die Last des anderen
tragen

wenn wir
die Sorgen des anderen
teilen

wenn wir
die Schuld des anderen
vergeben

wenn wir
die Leiden des anderen
aushalten

WAGNISBEREITSCHAFT

Gesegnet,
wer andere liebt
ohne Gegenleistung.

Gesegnet,
wer vergeben kann
trotz aller Verletzung.

Gesegnet,
wer großzügig ist
unter aller Engstirnigkeit.

Gesegnet,
wer Neues wagt
ohne Sicherheitsnetz.

Gesegnet,
wer Vertrauen schenkt
trotz aller Enttäuschung.

ER LEBT

In
dem Gedanken,
deine Mitmenschen
zu lieben
wie dich selbst.

In
dem Bewusstsein,
anderen das zu tun,
was du
von ihnen erwartest.

In
dem Bemühen,
denen zum Nächsten
zu werden,
die dich brauchen.

ZUMUTUNG II

MATTHÄUS 5,38–42

Es ist
eine Zumutung,

wenn dich jemand schlägt,
demjenigen die andere Backe
auch noch hinzuhalten,

wenn dich jemand anklagt,
um etwas haben zu wollen,
ihm noch etwas dazuzugeben,

wenn dich jemand bittet,
eine Meile mitzugehen,
noch eine Meile dranzuhängen.

Nächstenliebe
ist immer
eine Zumutung,
die uns
Mut abverlangt.

MEIN WILLE

Heute will ich großzügig sein
und schauen,
wo ich etwas geben kann,
ohne zu fragen,
was ich dafür bekomme.

Heute will ich barmherzig sein
und schauen,
was ich Gutes tun kann,
ohne zu denken,
wie du mir, so ich dir.

Heute will ich fröhlich sein
und schauen,
wie ich Freude schenken kann,
ohne zu denken,
lass mir doch meine Ruhe.

OHNE WORTE

Es kann
einem
die Sprache
verschlagen –

wo einer
seinen Nächsten
liebt
wie sich selbst.

Es kann
einem
den Atem
rauben –

wo einer
tut, was er auch
von anderen
erwartet.

Es kann
einem
die Spucke
wegbleiben –

wo einer
seine Feinde
achtet und
für sie eintritt.

Es kann
einem
das Lachen im Halse
stecken bleiben –

wo einer
sein Kreuz
selbst
auf sich nimmt.

Es kann
einem
Hören und Sehen
vergehen –

wo einer
am dritten Tag
aus dem Grab
aufersteht.

Sehnsucht

SEHNSUCHT

An manchen Tagen
sehne ich mich

nach
einem Wort,
das mich stärkt –

nach
einer Idee,
die mich befreit –

nach
einem Gedanken,
der mich tröstet –

nach
einer Geste,
die mich heilt –

nach
einer Liebe,
die mich umarmt.

ER-FÜLLUNG

In meinem Suchen,
meinem Mangel,
meinem Verirren –

fülle mir die Hände!

In meinem Glauben,
meinem Fragen,
meinem Zweifeln –

fülle mir die Hände!

In meiner Hoffnung,
meiner Ungeduld,
meiner Untröstlichkeit –

fülle mir die Hände!

In meinem Lieben,
meinen Versuchen,
meinen Enttäuschungen –

fülle mir die Hände!

In meinen Möglichkeiten,
meinen Grenzen,
meinem Scheitern –

fülle mir die Hände!

MEINE SEHNSUCHT

Ich sehne mich

inmitten des Lärms
nach Stille

in aller Ratlosigkeit
nach Weisheit

in meinen Zweifeln
nach Vertrauen

in tiefem Dunkel
nach Erleuchtung

in heftigen Turbulenzen
nach Gehaltensein

in lauter Einsamkeit
nach Geborgenheit

in trostlosen Zeiten
nach deinem Wort

WANDEL

Zu dir, Gott, wende ich mich:

Wandle meine Träume in gelebtes
Leben
und erfülle mich mit
Aufmerksamkeit.

Wandle meine Verletzungen in
verheilte Wunden
und erfülle mich mit Zufriedenheit.

Wandle meine Erinnerungen in
verstandene Erfahrungen
und erfülle mich mit Gelassenheit.

Wandle meine Ängste in mutige
Entscheidungen
und erfülle mich mit
Entschlossenheit.

Wandle meine Gier in maßvolle
Genüsse
und erfülle mich mit
Bescheidenheit.

Wandle meine Sehnsüchte in
erfüllte Momente
und erfülle mich mit Offenheit.

Wandle meine Zweifel in bewegtes
Vertrauen
und erfülle mich mit Heiterkeit.

BITTE

Richte mich auf,
wenn ich am Boden liege,

stell mich auf die Füße,
wenn ich schwach bin,

zeig mir den Himmel,
wenn ich den Kopf hängen lasse.

STURMSTILLUNG

Das wünsche
ich mir auch,

dass einer
auf mich zukommt,
wenn ich mich
in Turbulenzen
befinde

und keinen Boden
mehr unter
den Füßen habe,
weil alles ins Wanken
geraten ist;

dass dieser
mit einem Wort
meine Angst
und innere Unruhe
stillt

und mir wieder
einen klaren Geist
verschafft, der zum
besonnenen Handeln
fähig ist.

WÜNSCHE

Gäbe es die Möglichkeit,
mir einen Gott zu wünschen,
dann auf jeden Fall einen,
der meine Sprache spricht
und mich bestimmt versteht.

Einen, der nicht nachtragend ist,
wenn ich einen Fehler gemacht
oder seine Gebote verletzt habe
oder einmal anderer Meinung bin
als er in seiner großen Weisheit.

Einen, der wahrhaft humorvoll ist
und mich zum Lachen bringt mit
komischen Einfällen und Ideen,
auch wenn mir manchmal eher
zum Weinen zumute sein wird.

Einen, der mich wieder aufrichtet,
wenn ich zu Boden gegangen bin,
und mir Schwachen Kraft schenkt,
die ich gut gebrauchen kann im
alltäglichen Kampf des Lebens.

Ja doch, einem solchen Gott
würde ich mich gern anvertrauen
und von ganzem Herzen glauben,
dass ich ihn bitter nötig habe, weil
mir sonst nichts geschenkt wird.

KOSTEN-NUTZEN-RECHNUNG

Es rechnet sich nicht,
die Kastanien für andere
aus dem Feuer zu holen,
sein letztes Hemd
zu verschenken,
für jemanden die Hand
ins Feuer zu legen,
etwas auszubaden,
den Karren aus
dem Dreck zu ziehen,
als Prügelknabe
herzuhalten,
ein Auge zu riskieren,

aber vielleicht
zahlt es sich dann
irgendwann doch
einmal aus.

Schuld

LOSLASSEN III

Zwänge
Verpflichtungen
Möglichkeiten

ich müsste
ich sollte
ich könnte

immer
öfter
hin und wieder

Überanstrengung
Mühe
Gelassenheit

unabänderlich
gelegentlich
eventuell

auf jeden Fall
ab und an
möglicherweise

Ängste
Bedenken
Zuversicht

bedrohlich
unangenehm
wohlwollend

Tag und Nacht
manchmal
zunehmend

SCHREIE

Mir ist
zum Schreien zumute.

Auslaufendes Öl
verseucht Meer und Küste.

Misswirtschaft
verursacht Armut und Not.

Habgier
verbrennt Geld und Erspartes.

Kriegstreiben
verschuldet Länder und Menschen.

Eigennutz
verhindert Erd- und Klimaschutz.

Ohnmächtig schreie ich zu dir,
Gott,
denn sonst will mich niemand
hören.

VERSAGER

Mein Gott,
ich kann nicht
aus meiner Haut,

ich kann nicht
über meinen
Schatten springen,

ich kann nicht
mit meinem Glauben
Berge versetzen,

ich kann nicht.

Mein Gott,
kannst du nicht
meine Haut
etwas weiten,
meinen Schatten
verkleinern,
meinen Glauben
stärken?!

VERSTÄNDNIS

Von meinen Mitmenschen
erwarte ich immerzu,
dass sie mich verstehen,
dass sie mich ertragen,
dass sie mich leiden können,
dass sie mir vergeben werden.

Doch wie schwer –
das gebe ich ehrlich zu –
fällt es mir immer wieder,
all die zu verstehen,
die um mich herum sind,
diejenigen zu ertragen,
die es mir nicht leicht machen,
auch die leiden zu können,
die mir auf den Geist gehen,
und denen zu vergeben,
die mir etwas angetan haben.

Ich weiß, was du dazu sagst:
Was ich von anderen erwarte,
soll ich anderen auch geben.
Ich will es wirklich versuchen.
Ich will mich echt bemühen.
Aber sieh es mir nach, wenn
ich es nicht immer schaffe.

ZWEI UNTERSCHIEDLICHE

LUKAS 18,9-14

Zwei traten vor Gott
und schauten auf ihr Leben.

Der eine dankte Gott,
dass er selbst so ist,
wie er sich sah –
und machte Gott
untertänig.

Der andere bat Gott,
dass dieser so sei,
wie er ihn sah –
und unterwarf sich
Gott.

Zwei traten vor Gott –
einer sprach sein eigenes Urteil,
einer überließ sich Gottes Urteil.

Segen

SEGEN I

Gesegnet
sei
dein Lächeln,
dass es
Frieden
ausstrahlt
und
Menschen
sanft
berührt.

Gesegnet
sei
dein Handeln,
dass es
Zuversicht
zeigt
und
Menschen
still
ermutigt.

Gesegnet
sei
dein Glaube,
dass er
Hoffnung
weckt
und
Menschen
froh
bewegt.

SEGEN II

Möge der Wind
dir Auftrieb geben,
deine Flügel tragen
und dich erheben
über alle Hindernisse,
Unebenheiten und
Widerstände hinweg.

Möge der Regen
dein Land feuchten,
dir Zuversicht geben,
einen festen Glauben
und starke Hoffnung,
allem zum Trotz
und alle Tage neu.

Möge die Sonne
dir Wärme schenken,
ein weites Herz
und große Gedanken,
die dich erheitern,
Gelassenheit geben
und fröhlich machen.

SEGEN III

Gesegnet sei

die Beweglichkeit deines Geistes,
mit der du deine Welt verstehst –

die Lebendigkeit deiner Augen,
mit der du deine Welt erkennst –

die Geschicklichkeit deiner Hände,
mit der du deine Welt ertastest –

die Aufmerksamkeit deiner Ohren,
mit denen du deine Welt
wahrnimmst –

die Weitläufigkeit deiner Füße
mit denen du deine Welt
erkundest –

die Neugier deiner Nase,
mit der du deine Welt speicherst –

die Offenheit deines Mundes,
mit dem du deine Welt deutest.

SEGEN IV

Segne
den Glücklichen
mit einem
sehenden Auge.

Segne
den Zufriedenen
mit einem
offenen Ohr.

Segne
den Verständigen
mit einem
besonnenen Mund

Segne
den Barmherzigen
mit einer
freundlichen Hand.

Segne
den Liebenden
mit einem
fröhlichen Herzen.

SEGEN V

Segne, Herr, diesen Tag,

von dem ich nicht weiß,
was er mir abverlangt,

von dem ich nicht ahne,
was er mir ermöglicht,

von dem ich nicht fasse,
was er mir übrig lässt,

von dem ich nicht sehe,
wie er dich mir zeigt.

SEGEN VI

Gott gebe
deinem steigenden Drachen
Wind, dass er fliege.

Gott gebe
deiner blühenden Blume
Duft, dass sie betöre.

Gott gebe
deiner lodernden Flamme
Feuer, dass sie brenne.

Gott gebe
deinem gesprochenen Wort
Bedeutung, dass es wirke.

Gott gebe
deinem sanften Lächeln
Ausdruck, dass es gewinne.

Gott gebe
deiner großen Anstrengung
Kraft, dass sie gelinge.

SEGNE MICH

Segne mich, mein Gott,
mit einem Zuspruch,
der mir Mut macht,
wenn ich zu leben beginne.

Segne mich, mein Gott,
mit einem Bild,
das mir Hoffnung gibt,
wenn ich zu glauben zögere.

Segne mich, mein Gott,
mit einem Traum,
der mir die Angst nimmt,
wenn ich zu lieben wage.

WUNSCH

Gott gebe dir Fantasie,
mit den Steinen,
die dir in den Weg
gelegt werden,
Sinnvolles zu bauen.

Gott gebe dir Kreativität,
mit den Farben,
die das Leben kennt,
das Graue des Alltags
bunt anzumalen.

Gott gebe dir Zuversicht,
mit dem Samenkorn,
aus dem Hoffnung keimt,
dein Leben allezeit
gelingen zu lassen.

BEGEGNUNG

Gott
möge dir
begegnen

in
deinen Fragen
in
deinen Zweifeln
in
deinen Ängsten

aber auch

in
deinen Antworten
in
deinen Hoffnungen
in
deinen Gewissheiten

und
möge dich berühren
sanft und leise
und dir alle Freiheit
lassen.

INS UNGEWISSE HINEIN

Ins Ungewisse hinein
gebe Gott dir
die Gewissheit,
dass er dich
begleitet und beschützt.

Ins Ungewisse hinein
sei Gott dir
Kraft und Stärke
in allen Anfechtungen
und Zweifeln.

Ins Ungewisse hinein
bleibe Gott dir
Halt und Trost
und schenke dir
Mut und Zuversicht.

Sinn

BEDEUTUNG

Glauben –
das heißt
sich nicht unterkriegen lassen
sich mitreißen lassen
sich begeistern lassen

Hoffen –
das meint
sich nicht festnageln lassen
sich träumen lassen
sich ermutigen lassen

Lieben –
das heißt
sich nicht einschüchtern lassen
sich bewegen lassen
sich brennen lassen

DREIDIMENSIONALES LEBEN

Der Glaube
gibt meinem Leben
Tiefe.
Ich kann mich
ausstrecken
nach dem,
der mir
Zuspruch ist
in allen
Ungewissheiten.

Die Liebe
gibt meinem Leben
Weite.
Ich darf mich
verschenken
an die,
die mir
Anspruch sind
in allen
Notwendigkeiten.

Die Hoffnung
gibt meinem Leben
Höhe.
Ich will mich
orientieren
an dem,
was mir
Sinn gibt,
in allen
Oberflächlichkeiten.

LEBENDIGKEIT

Einem Problem
in die Augen schauen.

Schwierigkeiten
nicht aus dem Weg gehen.

Herausforderungen
den Kampf ansagen.

Krisen
als große Chance sehen.

Im guten Glauben
um eine Lösung ringen.

SELIGPREISUNGEN

Selig sind, die Angst haben um ihr
Leben,
denn sie werden Bewahrung
erfahren.

Selig sind, die Spott und Hohn
ertragen,
denn sie werden Achtsamkeit
spüren.

Selig sind, die an der
Ungerechtigkeit leiden,
denn sie werden die Gerechtigkeit
leben.

Selig sind, die ohne Freunde
verloren sind,
denn sie werden Geborgenheit
kennenlernen.

Selig sind, die Zweifel im Herzen
haben,
denn sie werden im Glauben
wachsen.

WERBUNG

Es bleibt ohne Erfolg,
es herauszuschreien
und lauthals
unters Volk zu bringen.

Es hat keinen Zweck,
es bunt zu plakatieren
und überall
an die Wand zu malen.

Es macht keinen Sinn,
es zu annoncieren
und ständig an die
große Glocke zu hängen.

Es gilt einzig und allein
das Evangelium zu leben
als Möglichkeit,
die Botschaft zu verkünden.

PARADOX

Im Licht
lass mich
nicht vergessen
das Dunkel

Im Glück
lass mich
nicht verachten
das Leid

In der Liebe
lass mich
nicht verbannen
die Gleichgültigkeit

In der Freude
lass mich
nicht vergraben
den Kummer

Im Glauben
lass mich
nicht verdrängen
die Zweifel

Weil der Himmel
seine Erdung braucht

Staunen

ERFOLGSGEWISSHEIT

Unbeirrbar bist du geblieben,
als dein Wort bei mir
auf taube Ohren stieß
und kein Gehör bekam.

Unbeeindruckt warst du,
als dein Wort bei mir
auf Unverständnis stieß
und keine Beachtung fand.

Unnachgiebig bliebst du,
als dein Wort bei mir
auf andere Gedanken stieß
und diese es verdrängten.

Unverändert warst du,
als dein Wort bei mir
mitten ins Herz traf
und mich tief bewegte.

ERKENNTNIS

Gehe
in die Wüste –
dann
siehst du
die Blumen
blühen.

Träume
in den Himmel –
dann
siehst du
die Sterne
funkeln.

Schaue
in die Seele –
dann
siehst du
die Hoffnung
wachsen.

ES REICHT (NICHT)

Es reicht nicht,
sagen wir,

unsere Zeit,
die Aufgaben anzupacken –

unsere Kraft,
die Herausforderungen zu
meistern –

unser Glaube,
das Unmögliche zu ermöglichen.

Damals schon
sagten sie,

fünf Brote und zwei Fische
können nicht reichen
für 5000 Hungrige –

aber am Ende
waren alle satt –
und zwölf Körbe übrig.

HIMMLISCHES VERTRAUEN

LUKAS 9,10–17

ER nahm das,
was da war,
schaute auf
zum Himmel,
dankte
und begann
es auszuteilen –
und es reichte
für alle.

WIR nehmen das,
was da ist,
schauen uns an, sind ratlos.
Und ehe wir
uns blamieren,
sagen wir:
Es reicht nicht.

Es wäre
einen Versuch wert,
es einmal
so zu machen,
wie Er!
Um dann zu staunen,
dass auch
bei Wenigem
noch viel
übrig bleiben
kann.

WUNDER I

Wenn sich
die Dinge
nicht ändern,

dann bleibt
mir
die Möglichkeit,

meinen Blick
auf
die Dinge
zu verändern.

Das hat
schon
manches Mal
Wunder bewirkt.

ÜBERRASCHUNGEN

Gott
überrascht mich
immer wieder
wo

mir das Wasser
bis zum Halse steht

ich durch das
dunkle Tal gehe

ich nach
frischem Wasser lechze

mir eine Last
auferlegt wird

ich meine Zuversicht
setze auf den Herrn

Stille

SEHVERMÖGEN

Es braucht die dunkle Nacht,
um die Sterne leuchten zu sehen.

Es braucht die klare Stille,
um dein Wort hören zu können.

Es braucht die drängende Not,
um den Weg gehen zu wollen.

Es braucht die feine Sehnsucht,
um die Liebe spüren zu dürfen.

Es braucht die wachen Zweifel,
um den Glauben leben zu lassen.

STILLE I

Die Stille ist nicht dazu da,
dass es einfach nur ruhig ist.
Die Stille bietet die Möglichkeit,
das Unausgesprochene zu hören.

Die Stille ist nicht dazu zu,
um für sich einmal zu schweigen.
Die Stille gibt mir die Chance,
auf meine innere Stimme zu hören.

Die Stille ist nicht dazu da,
die Zeit kurz anhalten zu wollen.
Die Stille ist die Gelegenheit,
im Gebet lautlos voranzuschreiten.

STILLE II

Das Ungesagte
hören

Das Unsichtbare
sehen

Das Unbedeutende
wahrnehmen

Das Ungeliebte
verstehen

Das Unbewiesene
glauben

CHAOSMÄCHTE

Aufgewühlt ist meine Seele,
die Emotionen schlagen hoch,
der Wind peitscht die Gefühle,
Gedankenfetzen blitzen auf,
Donner durchzuckt die Glieder.

Die Ruhe ist jetzt wohl dahin.
Alles gerät durcheinander.
Kein klarer Gedanke möglich.
Viel zu schnell mein Puls.
Oben und unten verschwimmen.

Kannst du nicht Stille gebieten,
dass sich die Wolken verziehen,
dass wieder Frieden einkehrt
in meine durchwühlte Seele,
dass die Gedanken sich glätten?!

BEISTAND

Als
der Sturm
losbrach,
warst du
die Hand,
die
mein Wüten
beruhigte.

Als
die Nacht
hereinbrach,
warst du
der Stern,
der
mein Dunkel
erhellte.

Als
die Stille
anbrach,
warst du
das Wort,
das
mein Schweigen
belebte.

REIZÜBERFLUTUNG

Führe mich hinaus
in die Wüste,

wo ich
die Stille finde,
Ungesagtes
zu hören
und
meine Bedürfnisse
wahrzunehmen,

wo ich
die Weite sche,
Freiheit
zu entdecken
und
meine Ängste
loszulassen,

wo ich
die Hoffnung habe,
Kraft
zu schöpfen
und
meinen Glauben
zu spüren.

Taufe und Konfirmation

GLAUBE – LIEBE – HOFFNUNG

Mit
jedem Kind
lässt
Gott
unseren Glauben
wachsen.

Mit
jedem Kind
fordert
Gott
unsere Liebe
heraus.

Mit
jedem Kind
macht
Gott
unsere Hoffnung
lebendig.

PATENWÜNSCHE ZUR TAUFE

Wir als
deine Paten
möchten dir
heute
zu deiner Taufe
unsere Gedanken
in Worte fassen,
die dich
auf deinem Weg
begleiten mögen:

Wir möchten dir
unsere Zuneigung
entgegenbringen
und dir
Geborgenheit
bedeuten,
wenn du
verständnisvolle Nähe
suchst.

Wir möchten dich
unsere Freude
erleben lassen
und dich
herzlich
lachen sehen,
wenn du
nachdenklich
ausschaust.

Wir möchten dir
unser Staunen
schenken
und dir
das Wunderbare
dieser Welt zeigen,
wenn du
alles selbstverständlich
siehst.

Wir möchten dich
unsere Achtsamkeit
spüren lassen
und dir
unsere Achtung
schenken,
wenn du
deine Wege
gehst.

Wir möchten dir
unsere Ängste
nicht verschweigen
und dich
vor Gefahren
bewahren,
wenn du
nach dem Leben
fragst.

Wir möchten dich
unser Leben
bereichern lassen
und dir
dankbar sein
für deine Lebenssicht,
wenn du
einen anderen Blick
hast.

Wir möchten mit dir
unsere Hoffnung
teilen
und dir
unseren Glauben
näherbringen,
wenn du
Halt und Zuversicht
brauchst.

TAUFGEBET

Ein Kind
ist wie
ein Sonnenstrahl,
den Gott
in unsere Herzen
schickt.
Seine Wärme
tut uns gut.

Ein Kind
ist wie
tausend
bunte Farben,
an denen
wir uns
erfreuen.
Sie machen
unsere Welt
freundlich.

Ein Kind
ist wie
eine Frage,
die auf
unsere Antwort
wartet.
Ein Wort
der Liebe
verändert
unser Leben.

Darum danken wir heute
Gott für
NN.,
die durch die Taufe erfährt,
dass sie von Gott
geliebt und bejaht ist.
Amen

KONFIRMATION

Das heißt für mich:

Zuversichtlich werden
auf meinem Weg
und einen Schritt
nach vorne setzen.

Unverzagt werden
in meiner Überzeugung
und meinem Leben
Ausdruck geben.

Gewiss werden
durch meinen Glauben
und mit Gott
allzeit rechnen.

ZURÜCKBLEIBEN

Du gehst deine Wege –
und wir bleiben zurück.

Du träumst vom Morgen –
und wir sehen das Heute.

Du suchst dein Glück –
und wir deinen Schutz.

Du hast große Sehnsucht –
und wir haben Bedenken.

Du malst dir den Himmel –
und wir nur schwarz-weiß.

Du vertraust auf Gott –
und wir auf unsere Liebe.

ELTERNWÜNSCHE ZUR KONFIRMATION

Du wirst
deine Wege gehen –
sie mögen dir
Erfahrungen schenken,
die deine Lebendigkeit zeigen.

Du wirst deine Ängste spüren –
sie mögen dir
Grenzen aufzeigen,
die dich ehrlich bewahren.

Du wirst
deine Träume haben –
sie mögen dir
Ziele vor Augen stellen,
die zu erreichen sich lohnen.

Du wirst
deine Enttäuschungen erleben –
sie mögen dir
Widerstandskräfte verleihen,
die dich zu Neuem ermutigen.

Du wirst
deine Erfolge genießen –
sie mögen dir
Selbstvertrauen geben,
das dich gelassen sein lässt.

Du wirst
deine Zuwendungen suchen –
sie mögen dir
Geborgenheit bereiten,
die dich liebevoll umarmt.

Du wirst
Gottes Spuren erblicken –
sie mögen dir
Glaube und Hoffnung sein,
die dein Leben beglücken.

TROST

Eine Hand,
die berührt.

Ein Blick,
der versteht.

Ein Wort,
das bewegt.

Ein Bild,
das ersteht.

Eine Hoffnung,
die trägt.

HOFFNUNG

Wenn die Nacht kommt,
will ich dir ein Licht anzünden.

Wenn dein Mund verstummt,
will ich dir Trost spenden.

Wenn der Spott dich trifft,
will ich dir zum Schild werden.

Wenn der Hunger dich entkräftet,
will ich dir das Brot reichen.

Wenn der Zweifel dich quält,
will ich dir Hoffnung schenken.

IN DIE TRAUER HINEIN

Mitten im Dunkeln
ein Licht entzünden.

Ein Hoffnungsbild malen
in aller Trostlosigkeit.

Die Erinnerung an
gute Zeiten wachrufen.

Den Schmerz spüren
und in Berührung wandeln.

Das Bedrückende loslassen
und dabei ruhiger werden.

Trotz aller Schwermut
einen Schritt wagen.

Den gesenkten Blick
zum Himmel erheben.

BLEIBEN

Was bleibt,
wenn ein Mensch geht?

Die Erinnerung
an das gemeinsam Erlebte.

Die Dankbarkeit
für das einzigartig Gewesene.

Die Bewunderung
für das geduldig Getragene.

Der Schmerz
in das offenbar Unerfüllte.

Die Hoffnung
auf die gottgewollte Gnade.

DU

Wenn der Schmerz
in meinem Herzen
mich bedrückt,
dann sei du
der Atem,
der mich
schnaufen lässt.

Wenn die Traurigkeit
in meiner Seele
mich bekümmert,
dann sei du
der Horizont,
der mich
sehen lässt.

Wenn die Kälte
in meinen Gefühlen
mich beherrscht,
dann sei du
die Lust,
die mich
springen lässt.

GANZ UNTEN

Meine Gedanken
zerschunden

Meine Seele
zerbrochen

Meine Hoffnung
zerschlagen

Meine Träume
zerplatzt

Mein Glaube
zerrissen

So stehe ich
vor dir, Gott,
der dem Müden
Kraft gibt
und Stärke
dem Unvermögenden.

EINSICHT

Nein, ich muss nicht
alle Last der Welt tragen.
Meine eigene ist mir
oft schon zu viel.

Das eine oder andere
will ich dann schon
lieber auf die
leichte Schulter nehmen.

Nein, ich muss nicht
alles in mich hineinfressen.
Ich könnte früher
oder später platzen.

Viel lieber will ich
mein Herz ausschütten.
Es wird mir dann
ganz leicht ums Herz.

TROTZDEM

Wenn ich
umsonst
kämpfe

Wenn ich
fruchtlos
bete

Wenn ich
vergeblich
liebe

Wenn ich
erfolglos
arbeite

Wenn ich
unnütz
hoffe

… dann
sei du,
Gott,
meine Kraft
und Motivation,
meine Geduld
und Ausdauer,
meine Lust
und Freude.

GESCHENK

Gott,
schenke mir
deine Liebe,
wenn ich
nichts mehr
fühle.

Gott,
schenke mir
deine Zuversicht,
wenn ich
nichts mehr
sehe.

Gott,
schenke mir
dein Vertrauen,
wenn ich
nichts mehr
achte.

IN ANFECHTUNG BEWAHRT

PSALM 69

Ich bin durch tiefe Wasser
gegangen,
bis zum Hals stand mir die Flut –
du hast mich nicht versinken lassen.

Ich habe mich heiser geschrien,
fast hatte ich keine Stimme mehr –
du hast mein Schreien wohl gehört.

Meine Augen sind trübe geworden,
das Sehen erschien mit unmöglich –
du hast mich Hoffnung sehen
lassen.

Ich bin mir selbst fremd geworden,
von Hohn und Spott schwer
getroffen –
du hast mir Selbstvertrauen
gegeben.

Ich habe bitter geweint und gefastet,
bin in Sack und Asche gegangen –
du hast mich wieder froh gemacht.

Quelle

GENUSS

Du
bist die Quelle,
die mich erfrischt.

Du
bist der Tropfen,
der mich beseelt.

Du
bist der Fluss,
der mich bewegt.

Du
bist der Regen
der mich belebt.

Du
bist das Meer,
das mich umfängt.

WASSERQUELLE

Dein Wort ist
wie frisches Wasser
aus sprudelnder Quelle
mitten in der Wüste,
das meinen Durst
nach Leben stillt.

Es schenkt mir
neue Kräfte,
Lebensenergie,
ermutigt meinen Geist,
erfrischt die Seele,
stärkt die Glieder.

So kann ich
aufrecht gehen,
ohne Angst
und ohne Scheu,
das Leben sehen,
dann ganz neu.

WASSER DES LEBENS I

Gib mir
einen Schluck
vom Wasser
des Lebens

für meine
trockene Kehle,
meine ausgedörrten Glieder,
meine müden Augen,
meine verwelkte Haut,
meine schlaffen Gedanken,
meinen öden Geist,
meine trostlose Fantasie,
mein leeres Herz,
meine ausgelaugte Seele –

und stille
meinen Durst,
meine Sehnsucht
nach
Lebendigkeit.

WASSER DES LEBENS II

Du hast Wasser des Lebens,
hast du gesagt,
wer davon trinkt,
den wird nie mehr dürsten.

Ich aber fühle mich
ausgetrocknet und dürr.
Meine Quelle ist versiegt,
mein Lebensmut vertrocknet.

Darum sehne ich mich
nach lebendigem Wasser,
das meine Lebenskraft
wieder sprudeln lässt.

Meine Seele könnte grünen,
Liebe und Zärtlichkeit könnten
wachsen,
aus Wüste ein Garten werden,
Toleranz und Freiheit sprudeln.

Herr, gib mir
von diesem Wasser des Lebens,
das mich erfrischt und belebt,
eine Quelle für alle Zeiten.

STILLES WASSER

Auf einmal
wird es
in der Stille
lebendig:

Gedanken
sprudeln,
Bilder
fließen.

Träume
plätschern,
Geschichten
rauschen.

Fantasien
quellen,
Ideen
strömen.

Worte
rinnen,
Taten
perlen.

Stilles
Wasser,
lebendiges
Wasser.

Durstlöschendes
Wasser,
Wasser
des Lebens.

Vergebung

LOSLASSEN

Die schlechten
Erinnerungen

Die zerbrochenen
Beziehungen

Die quälenden
Gedanken

Die missglückten
Gespräche

Die verlorenen
Zeiten

Die enttäuschten
Hoffnungen

Die unversöhnlichen
Haltungen

Einfach loslassen
und offen werden
für neue Erfahrungen.

BETROFFENHEIT

Heute
bin ich
deinem Wort
begegnet,
als ich
den ersten Stein
geworfen habe,
anstatt
Partei zu ergreifen
und meine
Stimme zu erheben
für die Schwachen
und Rechtlosen,
für die Armen
und Entrechteten,
für die Verurteilten
und Ohnmächtigen.

Heute hat mich
dein Wort getroffen:
Wer ohne Schuld ist,
werfe den ersten Stein.

VERSÖHNUNG

Versöhne
meine Aufmerksamkeit
mit meiner Gedankenlosigkeit.

Versöhne
meine Freude
mit meiner Melancholie.

Versöhne
meine Gelassenheit
mit meiner Ängstlichkeit.

Versöhne
meine Begeisterung
mit meiner Unlust.

Versöhne
meine Perfektion
mit meinen Fehlern.

WÜSTENBELEBUNG

Wenn alles
eine Frage
der Zeit ist,
dann ist jetzt
die Zeit
gekommen,
die Wüste
zu begrünen,
das Schweigen
zu brechen,
die Hand
auszustrecken,
das Kriegsbeil
zu begraben,
den Neuanfang
zu wagen
und das zarte
Pflänzchen der
Versöhnung
zu pflegen.

SIEBZIGMAL SIEBENMAL

MATTHÄUS 18,21–22

Siebzigmal siebenmal
ist nicht gleich 490,
sondern höhere Mathematik.

Siebzigmal siebenmal
hat Jesus geantwortet
auf die Frage:
Wie oft soll ich
meinem Nächsten vergeben?

Das heißt im Klartext:
Der Spielraum ist so groß,
dass du nicht nachzählen musst,
ob es noch machbar ist,
du kannst dich getrost
darauf verlassen, dass
es immer wieder möglich ist.

AM ABEND

Zurückschauen
und lächeln –

Wahrnehmen
und dankbar sein –

Aufmerken
und verzeihen –

Erinnern
und verewigen –

Ergreifen
und loslassen –

Verstehen
und schätzen –

Einschlafen
und Gott überlassen.

Vertrauen

WAGNIS II

Eine andere Saite
anschlagen.

Das Ruder
herumreißen.

Ein neues Kapitel
aufschlagen.

Das Blatt
wenden.

Ein neues Lied
singen.

SCHEITERN MÖGLICH

Mein Glaube
traut sich nicht,
über das Wasser
meiner Ängste
zu gehen.

Meine Hoffnung
schafft es nicht,
das Netz des Lebens
gegen die Vernunft
auszuwerfen.

Meiner Liebe
gelingt es nicht,
den Himmel
in meinem Tun
zu spiegeln.

Herr,
gib mir trotzdem
täglich aufs Neue
Glaube,
Hoffnung
und Liebe.

VERTRAUE

Darauf,
dass das Wort,
das du sprichst,
Ermutigung
bringt.

Darauf,
dass das Brot,
das du teilst,
Gemeinschaft
schenkt.

Darauf,
dass die Hand,
die du reichst,
Versöhnung
schafft.

Darauf,
dass die Tür,
die du öffnest,
Aufgeschlossenheit
wirkt.

Darauf,
dass die Liebe,
die du erfährst,
Zuversicht
weckt.

LEICHTIGKEIT

JESAJA 40,29–31

Wenn ich
es wage,
loszulassen

meine Bedrängnis,
meine Ängstlichkeit,
meine Verzagtheit,

meine Bedenken,
meinen Ballast,
meine Sorge,

meine Bedrückung,
meine Fesseln,
meine Unfreiheit,

dann erhebe
ich mich
wie ein Adler

und fahre auf
aus dem Staub
mit neuer Kraft,

die du
mir verleihst
wie Flügel.

VERTRAUEN

Ich gehe über die Brücke.
Ich strecke meine Hand aus.

Ich wage den Sprung.
Ich beginne ein Gespräch.

Ich gehe durchs Feuer.
Ich begleite einen Menschen.

Ich schrecke nicht zurück.
Ich gehe eine Beziehung ein.

IN DIR

Von
allen
guten Geistern
verlassen

weiß
ich mich

bei dir
in
guten Händen
aufgehoben.

VERTRAUEN SÄEN UND ERNTEN

LUKAS 8,4–8

Es ging ein Mensch in die Welt
hinaus,
voller Vertrauen in das Leben,
mit dem er anderen Menschen
begegnete.

Und in seiner Art, anderen zu
vertrauen,
begegnete er gleichgültigen
Menschen,
die sein Vertrauen mit Füßen traten,
und die Spötter lachten laut darüber.

Und er begegnete verhärteten
Herzen,
bei denen sein Vertrauen
vertrocknete.

Und sein Vertrauen traf auf
Misstrauen,
das sein Vertrauen im Keim
erstickte.

Und einiges Vertrauen kam gut an
und vermehrte sich auf wunderbare
Art
und brachte hundertfache Frucht.

Wer Vertrauen hat, gebe Vertrauen!

ICH GLAUBE

Ich glaube
fest daran,

die Brücke,
über die ich gehe,
wird mich tragen,

die Medizin,
die mir verordnet wurde,
wird mich wieder heilen,

das Flugzeug,
das ich bestiegen habe,
wird mich ans Ziel bringen,

das Wort,
das mir gegeben wurde,
wird gehalten werden,

die Sonne,
die ich untergehen sehe,
wird wieder aufgehen.

Warum
fällt es mir
so schwer,
an dich, Gott,
zu glauben?

Unterwegs

SEI DU MEIN WEG

Sei du die Liebe,
die meine Sehnsucht weckt.

Sei du das Licht,
das meine Dunkelheit erhellt.

Sei du die Kraft,
die meine Schritte lenkt.

Sei du das Vertrauen,
das meine Geborgenheit ist.

Sei du die Hoffnung,
die mein Ziel erschließt.

ES GEHT

Gehen,
einfach losgehen,
aufbrechen aus der Starre,
sich vorwärtsbewegen –
und spüren: Es geht.

Die Füße tragen,
der Kopf wird frei,
das Herz schlägt ruhig,
der Rücken entspannt sich,
die Sinne werden aufmerksam.

Die Augen sehen die Weite,
die Nase riecht die Luft,
die Ohren hören die Natur,
der Mund schweigt still,
die Seele beginnt zu staunen.

Der offene Himmel über mir,
der tragende Boden unter mir,
die drückende Last hinter mir,
der lebendige Glaube in mir,
die freudige Hoffnung vor mir.

BESCHEIDENHEIT

Ich kann
dich
nicht ändern,

aber
dir einen
anderen Blick
zeigen.

Ich kann
dich
nicht besser machen,

aber
dir ein
besseres Gefühl
geben.

Ich kann
dich
nicht heilen,

aber
dir einen
heilsamen Weg
weisen.

LASS MICH GEHEN

Ich lasse mich gehen
ohne Anforderungen
hinterherzurennen,
ohne meine Leistung
wieder abzurufen,
ohne getrieben zu sein,
ohne den Gedanken
an die Perfektion,
ohne ein Ziel
zu verfolgen.

Ich lasse mich gehen
und denke nur an
den nächsten Schritt,
freue mich an
diesem Augenblick,
spüre meinen Atem,
fühle mich als
Teil der Natur,
entdecke die
geschenkte Freiheit.

Ich lasse mich gehen
und finde neu zu mir.

BEWEGUNGSGESCHICHTEN

Mir ist aufgefallen,
dass Glaubensgeschichten
im eigentlichen Sinne
Bewegungsgeschichten
sind:

Abraham
ist aufgebrochen
aus seinem Heimatland
in eine fremde Welt
und zum Urvater
des Glaubens geworden.

Zachäus
stieg auf einen Baum,
um Jesus zu sehen,
hatte dann Jesus zu Gast,
änderte seine Einstellung
und war wie verwandelt.

Paulus
verfolgte die Christen,
bis Christus ihm erschien,
der seine Blindheit in ein
neues Sehen verwandelte
und ihn zum Missionar machte.

Offensichtlich
heißt Glauben
in Bewegung kommen
und vollzieht sich
im Gehen Veränderung.

FORTSCHRITT

Sich auf den Weg machen –
nicht verweilen.

Den Blick vorwärts wenden –
nicht zurückblicken.

Den nächsten Schritt wagen –
nicht stehen bleiben.

Über den Horizont hinausschauen –
nicht an Grenzen stoßen.

Vorwärtskommen –
nicht zurückschrecken.

Das Ziel im Auge behalten –
nicht abschweifen.

Schließlich ankommen –
nicht auf der Strecke bleiben.

Zuversicht

SEHEN

Es ist dunkel
und ich schaue
auf die Sterne.

Es ist bewölkt
und ich warte
auf die Sonne.

Es ist aussichtslos
und ich vertraue
auf Gott.

GLAUBE, HOFFNUNG, LIEBE

Möge
dein Glaube
dich tragen
wie die
unruhige See
ein Schiff.

Möge
deine Hoffnung
dich bewegen
wie der
wehende Wind
ein Sandkorn.

Möge
deine Liebe
dich erwärmen
wie das
glühende Feuer
einen Ofen.

MIT ALLEN SINNEN

Du
stellst meine Füße
auf weiten Raum.

Du
förderst meiner Hände
Werke.

Du
öffnest meine Augen,
Wunder zu sehen.

Du
tust meine Ohren
auf, dich zu hören.

Du
erfreust mein Herz
mit deiner Hilfe.

Du
prüfst meine Nieren
auf Gerechtigkeit.

Du
lässt meine Seele
nach dir dürsten.

WUNDER II

Mein Vertrauen in Gott
kann Berge versetzen,

wo ich nicht gleich
die Flinte ins Korn werfe –

wo ich nicht vorschnell
das Tischtuch zerschneide –

wo ich nicht überhastet
aus meiner Haut fahre –

wo ich nicht rasch
die Geduld verliere –

wo ich nicht bald
hinter dem Berg halte –

sondern wo ich allemal
dem Unerwarteten,
dem Überraschenden,
dem Unmöglichen
eine Chance gebe.

AUF DEIN WORT

Auf dein
Wort hin
kann
mein Glaube
Berge versetzen,
kann
meine Hoffnung
Licht verbreiten,
kann
meine Liebe
Menschen vergeben.

AUF FESTEN GRUND

MATTHÄUS 7,24-29

Wer
meine Rede
hört und tut sie,
sagt Jesus,
der hat
sein Haus
auf
festen Grund
gebaut
und nicht
auf Sand.

Der
bleibt auch
standfest,
wenn
die Zweifel
kommen,
wenn
Spötter
lästern,
wenn
das Leben
mühsam wird,
wenn
Gott
ferne
scheint.

PSALM 23 MODERN

Der Herr ist meine Zuversicht,
die Hoffnung schenkt mir Weite.

Er zeigt mir blühende Landschaften
und führt mich zur Quelle des
Lebens.

Er belebt meine Seele.
Er zeigt mir einen gangbaren Weg,
wohlwissend um mich.

Und selbst an trübsinnigen Tagen
fürchte ich keine Depression;
denn du erfreust mich,
deine Hand hält mich
und dein Licht zeigt mir den Weg.

Du lässt mich genießen,
wo mir andere nichts gönnen.

Du lässt mich zu dir aufschauen
und staunen über die Lebensfülle.

Genuss und Freundlichkeit sind
mir auf meinem Lebensweg
verheißen,
und ich werde immer bei Gott zu
Hause sein.

MÖGLICHKEITEN

Dein Zutrauen
gibt mir
die Liebe,
das Mögliche
anzupacken.

Dein Zutrauen
gibt mir
die Kraft,
das Notwendige
zu schaffen.

Dein Zutrauen
gibt mir
den Mut,
das Unmögliche
zu bewegen.

Dein Zutrauen
gibt mir
den Glauben,
das Verrückte
gerade zu rücken.

ZUTRAUEN

Wo es noch heißt:
„Meinen Segen hast du!"

Wo jemand meint:
„Probier es einfach mal!"

Wo einer glaubt:
„Du kannst das schon!"

Wo man zuspricht:
„Geh deinen Weg!"

Wo gewünscht wird:
„Gott steh dir bei!"

ZUVERSICHT

Meinen Blick will ich nach vorn
richten
und nicht im Gestern verhaftet
bleiben.

Auf das Positive will ich stets
schauen
und nicht immer das Negative
fokussieren.

Eine Durststrecke will ich als
Chance sehen
und nicht im Klagen und Stöhnen
versinken.

Meine Möglichkeiten will ich
betrachten
und nicht das Unmögliche
überbelichten.

Dem Ungewissen will ich
gegenübertreten
und nicht meine Augen davon
abwenden.

Im Gottvertrauen will ich mein
Leben sehen
und nicht das Schlimmste an die
Wand malen.

Heute will ich Herausforderungen
erkennen
und nicht allem Schwierigen nur
ausweichen.

ZUVERSICHT AUF DEM WEG

Ich mache mich
auf den Weg

in aller Ungewissheit,
mit meinen Ängsten
und wirren Gedanken,

mit tausend Fragen,
ohne einen Plan
und mit keinerlei Zuversicht –

doch mit jedem Schritt
spüre ich immer fester,
wie der Boden mich trägt,

wie der Himmel über mir
mich schützend begleitet,
wie der Horizont weiter wird –

so wächst in mir die Gewissheit,
dass mein Weg gangbar ist,
wenn ich meine Schritte wage

im Vertrauen auf dich, Gott,
die Fülle des Lebens vor Augen
die lebendige Sehnsucht im Herzen.

HUMORVOLL

Einer machte Menschen
zu Menschenfischern
und nannte sie
Salz der Erde und Licht der Welt.

Einer sprach von Kleingläubigen
und machte Petrus zum Felsen
und sandte seine Jünger
wie Schafe unter die Wölfe.

Einer füllte Wein
in neue Schläuche
und setzte sich zu Tisch
mit Zöllnern und Sündern.

Einer lobte ganz offen
die Klugheit der Schlangen
und suchte das Verlorene
zur Freude im Himmel.

Einer erzählte spannend
vom Reich Gottes
und dass bei Gott
nichts unmöglich sei!

Zweifel

WASSER IN WEIN

Herr,
verwandle meine Traurigkeit in
Freude,
auch wenn mir nicht zum Lachen
zumute ist.

Herr,
verwandle meinen Groll in
Verständnis,
auch wenn die Verletzung weiterhin
schmerzt.

Herr,
verwandle meine Unsicherheit in
Zuversicht,
auch wenn ich den festen Halt noch
suche.

Herr,
verwandle meine Zweifel in
Glauben,
auch wenn er nur senfkorngroß sein
wird.

FLEXIBILITÄT

Von mir aus
gesehen,
sagte ich
meinem Gegenüber,
sieht das so aus –

und ich war
nicht bereit,
einen Strich breit
von meinem Standpunkt
abzuweichen.

Später, als
mein Gegenüber
gegangen war,
habe ich mich an
seine Stelle gestellt –

und, o Schreck,
aus dieser Perspektive
habe ich eine
ganz neue Sichtweise
gewonnen.

EMPATHIE

Man darf
nicht alles sagen,
was man weiß,
es könnte
entblößen,
verletzen,
beschämen.

Man darf
nicht alles tun,
was man kann,
es könnte
entwürdigen,
berauben,
vernichten.

Man darf
nicht alles glauben,
was man hört,
es könnte
verstören,
entmutigen,
belasten.

ZU BRUCH GEGANGEN

Zerbrochen
wie
ein tönernes Gefäß
in
tausend Scherben
ist
das Bild von dir
beim
Anblick des Elends
im
Erdbebengebiet,
wo
nichts heilgeblieben ist
und
es lange braucht,
die Scherben
zusammenzusetzen,
um
das Gefäß
mit neuem Inhalt
zu füllen.

FESTGENAGELT

Nagle mich nicht fest …

… auf mein Wort –
vielleicht sind
meine Gedanken
heute andere.

… auf meine Ideale –
vielleicht sind
meine Ziele
längst überholt.

… auf meinen Glauben –
vielleicht sind
meine Zweifel
doch größer.

Ich kenne
einen,
der
ließ sich
festnageln –
der konnte sich
nach drei Tagen
sehen lassen.

GEFUNDEN

Auf der Suche
nach dem Leben

habe ich
die Sicherheit
verloren,

meine Unschuld
eingebüßt,

den Tod
riskiert,

mein letztes Hemd
gegeben,

das dunkle Tal
durchschritten,

und bin dir, Gott,
in die offenen Arme
gelaufen.

Zeit

IN DER ZEIT

Glaube –
woher
wir kommen

Hoffnung –
wohin
wir gehen

Liebe –
wozu
wir leben

DIE ZEIT VERGEHT

Mein Gott,
wie die Zeit vergeht.

Gestern war noch heute
und heute ist bald morgen.
Vorhin war noch jetzt
und jetzt ist gleich vorhin.

Nein, ich habe keine Zeit.
Sie rinnt mir durch die Hände
wie feinster Sandstaub,
festhalten kann ich sie nicht.

So vergehen meine Tage,
die Jahre gehen einfach dahin,
die Zeit läuft mir davon und
nichts bleibt, nicht einmal ich.

Irgendwann sagst du zu mir
ganz bestimmt: Es ist Zeit!
Die Zeit ist gekommen und
ich habe keine Zeit mehr.

ERGRIFFEN SEIN

Wenn ich
zu versinken
drohe
im Getriebe
des Alltags,
durch die
Anforderungen
der Zeit,
unter der
Last
der Erwartungen –

dann
reiche mir
deine Hand,
die
mich ergreift
und festhält,

und
ziehe mich
heraus
aus dem Wasser
der Ratlosigkeit

und
stelle
meine Füße
auf
sicheren Grund,

dass ich
trockenen Fußes
den Herausforderungen
meines Alltags
gewachsen bin.

ES IST EIN SEGEN

Es ist ein Segen,
jemanden zu haben,
der zuhören kann,
der einen versteht,
der einfühlsam ist,
der Stille aushält,
der kritisch bleibt,
der Zuspruch gibt.

Es ist ein Segen,
dann, wenn man
einmal reden will,
Verständnis sucht,
seine Probleme hat,
wirklich ratlos ist,
nur einäugig sieht
und Trost braucht.

Es ist ein Segen,
dass du dann da bist,
mir Zeit schenkst,
ein offenes Ohr hast,
dich einfühlen kannst,
ein gutes Wort weißt,
die andere Seite siehst,
mich in den Arm nimmst.

AM ENDE

„Es braucht seine Zeit",
hatte sie zu mir gesagt,
seit Kurzem mit 96 Jahren
im Krankenbett liegend.

Obgleich die Knie weich
und der Körper schwach,
hegte sie doch die Hoffnung,
wieder aus dem Krankenbett
und auf die Beine zu kommen.

Es irritierte mich schon sehr,
die Hoffnung auf Genesung,
die ich mir so überhaupt nicht
denken und vorstellen konnte,
weil es mit sechsundneunzig
doch nicht mehr aufwärts geht.

So gab ich es einfach auf,
mit ihr über den Tod zu reden,
den ich am Horizont sah, weil
das Leben nicht endlos ist und
wohl an seine Grenze kommt,
wenn man sechsundneunzig ist,
und sprach mit ihr über das Leben.

WACHSEN IM GLAUBEN

Tiefe Wurzeln schlagen,
festen Halt gewinnen,
über mich hinauswachsen,
sich zum Himmel strecken. –

Verwurzelt sein
in fruchtbarer Erde,
immer tiefer gründen,
das Letzte herausholen.

Einen festen Halt haben,
einen Standpunkt vertreten,
für alle unangreifbar sein,
zu aller Zeit Paroli bieten.

Über sich hinauswachsen,
stets nach oben streben,
alle Kräfte investieren,
vor niemandem einknicken.

Sich zum Himmel strecken,
das Unerreichbare anpeilen,
immer weiter verzweigen,
Gott einfach näherkommen.

ALLTAGSGESCHÄFTE

Heute habe ich

den Frühstückstisch
wieder abgeräumt,

den Staub vom
Regal gewischt,

den Mülleimer
voll ausgeleert,

die Rechnungen
alle angewiesen,

ein Pfund Brot
noch erstanden.

Wo blieb da Zeit
für ein Gespräch
mit dir, Gott?!

SEGEN VII

Dein Lächeln
am Morgen

Dein Humor
in Schwierigkeiten

Deine Kraft
am Tag

Deine Zuversicht
bei Widerständen

Deine Gelassenheit
am Abend

Dein Glaube
trotz Anfechtungen

Register

Epiphanias: Suchen und finden

Passion: Dienen und Leiden

Abendmahl: Essen und Trinken

Ostern: Auferstehen und glauben

Taufe: Annehmen und lieben

Konfirmation: Segnen und behüten

Himmelfahrt: Gehen und bleiben

Pfingsten: Reden und begeistern

Trinitatis: Beten und tun

Erntedank: Ernten und danken

Totensonntag: Trauern und hoffen

Ewigkeit: Versöhnen und bewahren